우리 안의
영웅을 찾아서

청년세대가 진정 소망하는 대한민국의 미래.
촛불, 포스트코로나, 플랫폼 시대의 정책과제.

우리 안의
영웅을 찾아서

초판 1쇄 2021년 12월 10일

지 은 이 이명수
펴 낸 이 김태웅

펴 낸 곳 기획출판 오름
주   소 대전광역시 동구 대전로815번길 125(2층)
표지사진 김연수 사진작가, 배재성 사진작가
편집디자인 최은선
기   획 심상협

© 이명수, 2021 Printed in Korea

ISBN 979-11-89486-40-23 (03300)

정가 18,000원

잘못된 책은 구입하신 서점에서 바꿔드립니다.
지은이와 협의에 의해 인지는 생략합니다.

이 책의 판권은 지은이와 기획출판 오름에 있습니다.
양측의 서면 동의 없이 무단 전재 및 복제를 금합니다.

표지 설명

'우리 안의 영웅을 찾아서'의 내용은 우리 사회가 우리 안에 숨겨진 영웅을 찾아 미래 한국 사회의 리더로 만들어가자는 취지를 담고 있습니다. 김연수 사진작가님이 2016년 촛불 시위 당시 청년 세대의 염원을 담은 사진과 배재성 사진작가님이 평온한 일상 속 시민들의 모습을 담은 사진을 함께 구성하여 우리 사회가 꿈꾸며 가꾸어가야 할 희망의 미래를 표지 이미지로 구성했습니다.

우리 안의 영웅을 찾아서

청년세대가 진정 소망하는 대한민국의 미래.
촛불, 포스트코로나, 플랫폼 시대의 정책과제.

이 명 수 지음

Orum Edition

저자 서문

영웅은 우리 곁에 있다는 믿음과 신뢰

　요즘 저는 다음 세대가 살아갈 대한민국을 그려보면서 우리 청년세대가 작지만 소중한 한명 한명의 영웅으로 소중한 삶과 꿈을 가꾸어가길 희망합니다. 그러나 오늘날 우리 현실은 청년세대에게 '헬조선'이자 꿈을 억압하고 때론 꿈을 빼앗아가는 차갑고도 참혹한 지경에 이르렀습니다. 어떻게 하다가 이렇게 되었을까?

　그 원인은 어디에서 비롯되었고 또한 그 책임은 누구에게 있는가? 묻고 또 묻습니다.

　이제 우리는 청년세대에게 잃어버린 꿈을 되찾아 주고 어두운 미래를 밝혀 주어야 합니다. 그러기 위해서는 우리 청년 한명 한명이 저마다의 꿈을 가꾸며 이루어가는 대한민국을 만들어야 합니다.

　2004년 1월 첫 에세이집 『숨은 사랑 찾기』(들린아침, 2004년 1월)

출간한 이후 지난 16년 동안 모두 아홉 권의 책을 펴내면서 항상 가슴 깊이 새겼던 명제가 있습니다. 바로 '우리 다음 세대를 영웅인 사회로 만들어 보자'는 소망이었습니다. 이제 그 명제에 답해야 할 때가 되었다는 생각으로 조언을 구하고 제 주변에 숨어 있는 영웅들을 찾아 만나고 들었습니다.

열 번째 책을 구상하면서 2012년 봄에 썼던 '진정 대한민국을 사랑하는 충청인에 고(告)함'이란 글 마지막 구절을 되새겼습니다.

단재 신채호 선생은 경술국치의 암울한 시대를 딛고 『이태리 건국 삼걸전』 서문에서 다음과 같이 외치고 있습니다.

"문명의 등불은 육주(六洲)에 찬란하고 자유의 종은 사방에 요란한데, 우리들은 무슨 죄가 있어 홀로 이 지옥인고. 이 책의 소개로 대한중흥(大韓中興) 삼걸전, 아니 삼십걸전, 삼백걸전을 쓰게 되는 것이 나 무애생(無涯生)의 피 끓는 영원한 염원이다."

단재 선생께서 백여년 전 간절히 염원하셨던 그 수많은 대한민국 중흥의 영웅이 바로 오늘 우리일 수 있기를 소망하는 마음으로 나라를 생각하고 사랑하는 충청인 여러분께 간절한 마음으로 청원합니다.

우리가 어릴 적부터 읽고 배우며 꿈꾸었던 영웅들의 모습을 한분 한분 떠올려 봅니다. 우리는 어릴 적 위인전을 통해서 저 삼국시대부터 일제강점기까지 나라를 세우고 외침으로부터 나라를 지킨 영웅들을 읽고 본 받으며 자랐습니다. 을지문덕 장군, 강감찬 장군, 최영 장군, 이순신 장군, 그리고 백범 김구 선생과 김좌진 장군이 그분들이었습니다. 그중에서도 아산에서 나고 자란 제게 충무공 이순신 장군의 삶과 유업은 공직에서 일할 때나 대학과 국회에서 일하는 그 어느 순간에도 제 삶의 사표가 되었습니다.

우리는 또 소설과 영화에서 영웅들의 이야기를 꿈을 키웠습니다. 어떤 인물은 이야기나 소설 속의 영웅들이었고 어떤 인물들은 역사 속의 비운의 주인공을 소설 속에서 되살린 인물들이었습니다.

홍길동전, 일지매, 임꺽정과 장길산, 그리고 허생과도 같은 소설 속 인물들은 도탄에 빠진 백성을 구하고 현실을 바꾸는 꿈을 전해주었습니다.

영웅들은 먼 역사 속이나 또는 소설과 영화 속에만 있는 것은 아니었습니다. 우리는 자라면서 오늘 우리를 있게 해준 부모님 세대의 영웅들을 기억합니다. 한국전쟁으로부터 북한의 위협과 침입으로부터 우리를 지켜준 순국선열들, 산업현장에서 경제중흥을 이끈 숨은 영웅들, 한때 지체되었던 민주화를 다시 일으켜 세운 영웅들. 오늘 우리는 그 영웅들의 피와 땀과 헌신, 그리고 고귀한 희생으로 다져진 대한민국을 딛고 그분들이 꿈꾸고 추구했던 이상을 가치로 삼으며 살고 있습니다.

그리고 오늘 이 시간에도 자신의 책무를 다하다가 희생된 우리 곁의 숨은 영웅들을 기억합니다.

제1,2연평해전으로부터 천안함 피격과 연평도 포격에서 조국 대한민국을 지켜낸 용사들, K-9 자주포 폭발과 목함지뢰로 상이를 당한 청년 용사들, 그리고 재난과 화재 현장에서 시민들의 생명을 구한 수많은 공직자 분들 모두 우리 곁의 영웅들입니다. 돌발적인 폭력 앞에서 간호사와 환자들을 먼저 구하려 했던 고 임세원 교수로 상징되는 의로운 행동으로 죽거나 다친 분들 모두 우리가 기억하고 보답해야 할 우리 곁의 영웅들입니다.

저는 믿습니다. 지금 이 시간에도 이 나라 곳곳에는 숨은 영웅들의 헌신적인 희생이 살아 숨쉬고 있으므로 해서 우리 삶은 안전하고 풍요로울 수 있습니다. 그러나 우리는 우리 곁의 영웅들을 제대로 예우하고 그 희생에 보답하고 있는가 묻게 됩니다.

그들에게 보답하는데 앞장서야 할 정치인의 한 사람으로서 반성과 참회가 앞섭니다.

열 번째 에세이집 『우리 안의 영웅을 찾아서』는 저 자신의 이야기가 아니라 바로 우리가 기억하며 본받고 보은해야 할 우리 곁의 숨은 영웅들의 이야기입니다. 또한 숨은 영웅들을 되살리는 사람들의 이야기입니다. 한걸음 나아가 우리 청년들 한명 한명을 대한민국에서 저마다의 꿈을 가꾸며 자랑스러운 영웅으로 키워보자는 다짐과 각오입니다.

미래 대한민국의 주인공은 우리 청년 세대입니다. 우선 '헬조선'이라 불리는 오늘 우리 한국사회에서 살아가는 청년들의 현실부터 돌아보았습니다. 평소 크고 작은 모임과 세미나에서 늘 현실을 꿰뚫는 식견과 연구로 깨우침을 주시는 분들께 자문을 구하고 정리했습니다. 제1부 제1장 '청년세대가 원하는 영웅을 찾아서'에서는 지난 2019년 총선을 앞두고 청년과 여성 인재를 찾아 만나고 들었던 깨우침들을 정리했습니다. 이원재 교수님(카이스트 사회기술대학원, 사회학), 김석호 교수님(서울대 사회학), 이재열 교수님(서울대, 사회학) 세 분 학자들께 깊이 감사합니다.

오늘 우리 한국사회의 청년들의 꿈과 희망을 알아보기 위해 집단심층인터뷰를 했고 그 생생한 목소리들을 청년정책으로 만들어가고자 했던 노력들도 정리했습니다. 우연히 SNS에서 만난 백이룸 청년의 한국정치 혁신을 향한 목소리도 실었습니다.

제1부 제2장 '우리 안의 숨은 영웅들을 되살리는 사람들'에서는 우리 사회가 외면하거나 방관하고 있는 숨은 영웅들을 되살리는 분들의 이야기를 정리했습니다.

청년 유공자들의 올바른 처우개선과 명예회복에 앞장서고 있는 천안함생존자 전준영 회장, 한국전쟁의 영웅들부터 우리 곁의 청년장병들에 이르기까지 군인을 찍는 현효제 사진작가와 염현철 영상작가, 열악한 보훈제도 속에서 고통 받는 청년들을 위해 자원봉사로 헌신하고 있는 안종민 사무총장과 백현민 간사, 그리고 자원봉사자 청년들과의 만남과 깨우침을 정리했습니다.

그리고 이들 청년들의 고통을 치유하고 제도를 바꾸기 위해 노력하고 있는 백종우 교수님(경희대 정신의학과)와 김승섭 교수님(고려대 보건정책관리학부), 또 국군장병 뿐만 아니라 경찰, 소방관, 의사상자 모두를 위한 보훈제도 통합의 필요성과 고 임세원 교수를 의사자로 지정하는데 앞장섰던 김민후 변호사님의 법제도 개선을 위한 제언도 정리해 실었습니다.

제1부 제3장 '우리 곁의 숨은 영웅을 찾아서'에서는 우리 곁의 숨은 영웅들을 찾아 소개했습니다. 한국 최초의 원자력 수출현장에서 '팀코리아'를 이끌며 한국원자력 세계화에 앞장서 온 UAE 바라카 원전 권양택 본부장, 한국정치를 바꾸는 청년 정치인 이시우 씨와 김용식 씨, 지난 2월 전역해 천안함 용사들을 비롯한 청년장병들의 명예회복과 예우를 바꾸기 위해 헌신하고 있는 최원일 함장님과 천안함전우회 여러분들의 이야기를 정리했습니다.

제2부에서는 87레짐을 넘어 포스트코로나와 플랫폼 시대로 변화해야 할 우리의 정책과제들을 반성하고 성찰하면서 혁신방안을 향한 고민들을 정리했습니다. 제1장에서는 정략과의 디커플링 속에서 고통 받으면서도 코로나19와 'K-방역'에

헌신하고 있는 영웅들의 현실과 이를 개선할 수 있는 정책방안, 제2장에서는 제2장 수많은 영웅들이 쌓은 금자탑을 무너뜨린 '탈원전' 정책의 문제점을 냉철히 돌아보고 공론과 국민 합의로 되살려야 할 우리 에너지 정책의 미래를 논의하고자 했습니다. 제3장에서는 포스트코로나와 플랫폼 사회를 향하여 우리가 시급히 변화시켜야 할 정책과제들을 정리했습니다.

부록으로는 다가오는 2022년 대통령 선거와 동시지방선거를 앞둔 시점에서 반드시 이루어야 할 분권을 향한 정책과제와 또는 청산해야 할 구태의연한 잔재들에 관해 기고했던 글들을 모아 실었습니다.

열 번째 에세이집 교정을 보면서 정치인으로 살아온 지난 13년을 되돌아봅니다. 자랑보다는 부끄러움과 참회가 앞섭니다. 그 누구보다 우리 곁에 숨은 영웅 분들께 죄송한 마음으로 미력하나마 그분들의 희생과 노고에 정당한 보상과 값진 예우로 유업을 기리겠다는 사명을 새로이 다짐합니다.

늘 책이 나올 때마다 원고 정리에 애써주신 심상협 전 한국원자력문화재단 전무님, 디자인을 해주신 최은선 대표님과 인쇄제작을 해주신 한규환 대표님, 변함없이 출판을 대행해주신 기획출판 오름 김태웅 대표님께도 깊은 감사 인사를 드립니다.

한국사회의 힘든 여성의 현실을 이겨내며 묵묵히 곁을 지키고 응원해주는 아내 노영란, 또 우리사회에서 살아가는 청년으로서 고뇌와 아픔을 겪고 있는 지은, 지형, 두 아이에게도 이 기회에 미안한 마음과 감사의 말을 전하고 싶습니다.

2021년 12월 10일
저자 이 명 수 / 수필가, 국회의원

차례

저자 서문 영웅은 우리 곁에 있다는 믿음과 신뢰　　　　　　　　4

제1부
우리 안의 영웅을 찾아서

제1장 청년세대가 원하는 '영웅'을 찾아서　　　　　　　19

　　이원재 교수, 청년세대의 '공정함에 대한 감수성'　　　　　21
　　김석호 교수, '청년들의 요구, 그러나 변화하지 않는 한국정치'　　26
　　청년세대는 부도덕한 '기득권' 개혁을 원한다　　　　　　34
　　이재열 교수, 『다시 태어난다면, 한국에서 살겠습니까』　　　40
　　청년에게 묻다, '한국사회의 현실과 미래를 어떻게 생각하는가?'　46
　　백이룸 청년의 '나의 당, 자유한국당을 향한 진언'　　　　53

제2장 우리 안의 숨은 영웅들을 되살리는 사람들   63

천안함생존자 전준영 회장, 그리고 우리 곁의 숨은 영웅들   65
현효제 사진작가와 염현철 영상작가, 그리고 자원봉사자 청년들   71
보훈민원 자원봉사 안종민 사무총장과 백현민 간사   76
PTSD의 심각성을 일깨운 백종우 교수와 김승섭 교수   81
'국군장병, 경찰, 소방관, 의사상자' 모두를 위한 보훈제도 통합   93
김민후 변호사, "고 임세원 교수 의사자 지정, 법제도 개선 계기로"   100

제3장 우리 곁의 숨은 영웅을 찾아서   107

'팀코리아' 한국원자력 세계화의 기수 권양택 본부장   107
한국정치를 바꾸는 청년들, 이시우 씨와 김용식 씨   117
돌아온 최원일 함장, 부활하는 천안함 영웅들   132

제2부
한국정치의 앙샹레짐에 고통 받는 영웅들

제1장 코로나19와 'K-방역' 영웅들의 고통　　　　　　　　145

　　코로나19 'K-방역', '2015 메르스 백서'의 숨은 영웅들　　　147
　　메르스 실패를 혁신의 계기로 바꾼 국가방역체계 개편　　　151
　　2017년 WHO 평가, 'K-방역'의 우수성 공인　　　159
　　'K-방역' 혼선을 초래한 문재인 정부의 정략과 오판　　　163
　　'K-방역' 성공? 그러나 낮은 공공성과 상시재난관리 부재　　　168

제2장 수많은 영웅들이 쌓은 금자탑을 무너뜨린 '탈원전'　　　　　　　　175

　　선진국들은 국민투표와 국민합의 거쳐 '탈원전' 추진　　　179
　　신고리 공론화 좌절 이후 합의도 공론화도 외면한 '탈원전'　　　185
　　원자력 정책, 공론장과 국민합의로 되살려야　　　192

제3장 포스트코로나와 플랫폼 사회를 향하여　　　　　　199

'87레짐' 잔재 청산, 참회와 도전으로 시작하자　　　　　　203
공공성 제고와 사이언스 리터러시 존중의 정책과제　　　　207
'K-방역' 혁신 모델로 공공성을 높여야 한다　　　　　　　215

부록.
87레짐을 넘어 분권의 미래로

기형화된 지방분권, '87레짐' 청산의 우선 과제　　　　　　223
정권 바뀌어도 일관된 균형발전전략, 범부처 차원의 협력 절실　228
온천한류 세계화의 계기로 삼아야 할 온양 행궁복원　　　　232
인권과 기본권 신장으로부터 시작해야 할 '87레짐' 청산　　236
더 미뤄선 안될 대일항쟁기 전후배상　　　　　　　　　　244

영웅들은 먼 역사 속이나 또는 소설과 영화 속에만 있는 것은 아니다. 오늘 우리를 있게 해준 부모님 세대의 영웅들을 기억한다. 한국전쟁으로부터 북한의 위협과 침입으로부터 우리를 지켜준 순국선열들, 산업현장에서 경제중흥을 이끈 숨은 영웅들, 한때 지체되었던 민주화를 다시 일으켜 세운 영웅들. 오늘 우리는 그 영웅들의 피와 땀과 헌신, 그리고 고귀한 희생으로 다져진 대한민국을 딛고 그분들이 꿈꾸고 추구했던 이상을 가치로 삼으며 살고 있다.

 그리고 오늘 이 시간에도 자신의 책무를 다하다가 희생된 우리 곁의 숨은 영웅들을 기억해야 한다. 제1,2연평해전, 천안함 피격과 연평도 포격에서 대한민국을 지켜낸 용사들, 그리고 재난과 화재 현장에서 시민들의 생명을 구한 수많은 공직자 분들 모두 우리 곁의 영웅들이다. 나아가 고 임세원 교수로 상징되는 의사자 분들 모두 우리가 기억하고 보답해야 할 우리 곁의 영웅들이다. 지금 이 시간에도 이 나라 곳곳에는 숨은 영웅들의 헌신적인 희생이 살아 숨쉬고 있음으로 해서 우리 삶은 안전하고 풍요로울 수 있음을 기억해야 한다.

제1부

우리 안의 영웅을 찾아서

제1장 청년세대가 원하는 '영웅'을 찾아서

2019년 자유한국당 당시 인재영입위원장으로 일하면서 우리 미래를 새롭게 할 청년들을 찾고 만나려고 노력했다. 한국사회를 대표해서 미래정치를 이끌어갈 인재들은 바로 우리 안에 숨겨져 있으리라는 믿음이었다. 우선 우리 정치, 특히 정당현실에 대한 반성과 성찰에서 시작했다. 우리 정치와 정당의 리더십은 여전히 권위주의에 사로잡혀 계파와 지역주의가 지배하고 있고 보수와 진보와도 같은 이념 갈등에 실질적인 국민의 권익은 가려져 있다는 반성으로부터 시작했다. 무엇보다 기득권화되거나 사이비화된 극우와 극좌의 극한 대립은 구태의연한 갈등의 골을 깊어지게 하고 있었다.

우리 사회에 숨어서 이러한 기득권적 행태에 맞서고 있는 인물을 찾아서 새로운 정치의 리더십 회복으로 나아가야 한다는 믿음이었다. 몇 가지 원칙을 정했다. 첫째는 '밑으로부터', 즉

보텀 업 리더십(Bottom up), 둘째는 지방으로부터의 리더십, 셋째는 '청년으로부터'의 리더십과 '여성으로부터'의 리더십'으로 정했다.

2019년부터 의제를 정하고 소모임을 통해 평소 한국사회의 미래에 관심이 많은 분들의 자문부터 구했다. 2019년 5월 13일 "한국사회의 변혁, 언제 어디로부터 올 것인가?"라는 의제 아래 한국 현대사회의 변혁을 가져온 청년문화부터 되짚어 보면서 미래사회의 변화를 가져올 청년층의 문화와 의식에 주목했다. 4.19혁명으로부터 70년대 학생운동, 80년대 6월민주화운동, 그리고 2017년 '촛불'에 이르기까지 청년은 한국사회 변혁의 중심에 있어왔다는 사실부터 확인할 수 있었다. 달라진 것은 과거 민주화를 의제로 했던 청년의 변혁운동이 기득권화된 모든 특권에 대한 공정을 요구하는 의제로 한걸음 나아가고 있다는 사실도 확인했다.

이원재 교수, 청년세대의 '공정함에 대한 감수성'

2019년 6월에는 우리 정치가 한국사회의 변화, 특히 청년세대가 원하는 변화에 정치과 정책이 무엇을 어떻게 준비해야 할 것인가에 주목해 논의를 진전시켰다. 방향은 지금까지 위로부터의 권위적 인재영입 방식부터 혁신해야 한다는 결론에 이르렀다.

당시 과연 기존의 계층갈등을 대신한 세대갈등이 한국사회에서 어떤 의미를 갖는지를 선언적으로 제시한 이원재 교수(카이스트 사회기술대학원, 사회학) 교수의 페이스북 게시글은 한국사회 변화에서 갖는 청년세대의 의식과 위상을 가늠하는 나침반이 되어주었다.

이원재 교수는 문재인 정권부터 이명박 정권, 박근혜 정권에 이르는 14년 동안, 즉 2003년부터 2016까지의 한국종합사회조사(KGSS) 데이터를 이용해 세대별 사회의식 변화 추이를 분석하였고, 특히 59년 이전 출생세대, 흔히 586으로 부르는 60~69년 출생세대, 그리고 70년 이후 출생세대 등 3개 세대를 그룹화하여 진보와 보수의 이념적 척도를 중심으로 청년세대의 의식변화 추이를 분석했다. 그리고 가장 젊은 70년대 이후 출생 세대에 주목했다. 이들 세대는 정치적으로 가장 진보적인 그룹이지만, 북한에 대해서만큼은 부정적 입장으로 돌아섰다고 분석했고, 그 과정에 천안함, 연평도포격 사건이 동시에 벌어진 2009년의 시대적 분위기와의 영향관계를 추적했다. 2019년 당시 한국사회의 연령 구조상, 이들은 만 49세 이하 전체에 해당되며, 그 이전까지의 한국 진보진영의 의식이 민족과 노동의 양 축으로 구성되어 있었다면, 이들 70년대생 이후 세대는 새로운 의식을 보여주고 있다는 점에 주목했다.

이원재 교수가 주목한 '공정함에 대한 감수성'은 우리 정치와 정책이 변화해야 할 이정표를 제시하고 있다는 판단이었다. 이원재 교수는 70년대 이후 청년세대에게 '공정함'이란 "개인의 투자와 노력, 상호간의 등가 교환 같은 개인주의적이고 자유주의적인 자세"라 정의하고 있었다.

이원재 교수의 지적은 우리 한국사회의 변화를 향한 청년세대의 움직임을 통해 확인할 수 있었고, 우리는 촛불에서 탄핵에 이르는 청년세대의 역동적인 움직임에 대해서 냉철한 성찰과 반성의 자세로 되돌아 보았다.

촛불의 시작은 이화여대 학생들의 정부지원교육사업 반대 투쟁이었다. 여기서 우리에게 익숙한, 또 그만큼 관습적인 진보의 가치를 찾을 수 있을까. 여학생들, 혹은 여성들의 주체적 자기 조직화 방식에서 여성주의적 가치를 찾는 연구들이 있었다. 그러나 그만큼 중요한 동기가 이화여대라는 명문사학에 들어가기 위해 투자한 개인적이고 사적인 자원을 보호하려는 권리 주장이었다. 대오를 이룬 학생들의 뒤편엔 이들의 부모가 둘러 서 있었다. 대학 당국이 느꼈던 위기감은 여기에 있었으며, 이는 총장의 해임이라는, 80~90년대 학자추도 해내지 못한 변화로 이어졌다.

- 2019년 한국사회 세대갈등 : Philosophy of History, Algorithm, and a Sociological Realism, 이원재 교수 페이스북, 2019년 6월 6일

이원재 교수(카이스트 사회기술대학원, 사회학)는 빅데이터의 권위자로 [윌라 클래스] '대한민국의 명강을 만나다'(사진)를 비롯한 지식정보 사이트의 여러 강의를 만날 수 있다. 이원재 교수는 2016년 소모임 세미나에서 처음 뵌 이후 한국사회에 대한 고민을 할 때마다 여러 리서치 자료를 통해 큰 도움을 받는 고마운 사회학자이다.

이원재 교수는 다양한 촛불의 원인 속에서 표면적 이유였던 '박근혜로 상징되는 보수권력에 대한 대중적 분노' 저변에 잠복한 '공정하지 못한 사회와 관습에 대한 염증과 이를 돌파하려는 열망'을 추론해서 지적하고 있었다. 특히 '공정'을 의제로 한 세대갈등의 바닥에는 '경제주의적인 합리성'에 주목하고 있었다.

소위 586은 경제 호황기의 결실을 독점했으나, 이를 확장하는데 실패했다. 이들은 성장의 과실을 풍족하게 소비하면서 생긴 여유로움으로, 자신의 물질적 이해와 상관 없는 정신적 가치를 추구하는 데까지 이르렀다. 젊은이들에게 586의 정체성 정치나 민족주의는 '탈물질주의적 욕망'으로 비친다.

20대는 대학입시만 마치면 지긋지긋한 무한경쟁이 끝날 줄 알았다. 그러나 대학 졸업 후, 이들 눈앞에 펼쳐진 현실은, 앞으로도 수십 년간 똑같은 경쟁을 반복, 답습해야 한다는 것이었다. 이들에게 586의 정체성의 정치나, 시민혁명-촛불혁명-통일혁명이라는 역사철학적 거대 담론은 서울에 자기 아파트가 있고, 안정된 직장을 가진 기성 세대의 한가한 취미 생활일 뿐이다. 정치적 이벤트에 어린 자녀를 무등 태워 나가고, 함께 눈물을 흘리는 의례적 행위들은 젊은이들에게 다큐멘터리 영상 정도로 비칠 뿐이다. 이들에겐 책상 위에 놓여진 창백한 등록금 고지서가 훨씬 현실적이다(socially real).

문제는 586이 자신들의 사치스런 취향(expensive taste)을 공정하지 못한 방식으로 강요한다는 것이다. 상위 2분위 이상의 고소득 임금노동자들은 전문직, 대기업 화이트칼라 뿐만 아니라, 재벌 제조업의 노동자들까지 포함한다. 이들의 직업안정성을 향한 공격적 자기보호는 젊은 세대의 노동 시장 진입을 어렵게 하는 것에 그치지 않는다. 소위 몇몇 노조를 중심으로 발생했을 거라고 알려진 취업 비리들이 이 정권에서 유야무야 넘어갔다. 몇몇 거대 공기업의 취업 비리가 수사대상이 되긴 했다. 그러나 한결같이 정치적 반대자들을 범인으로 지목함으로써 피해 당사자인 젊은 대중의 공감을 얻지 못하고 있다. 공정함의 진정성을 정치적 반대자들의 비리 척결로 증명할 수 있다고 믿는다면 이 얼마나 자기중심적인가.

— 이원재 교수, 앞의 글.

2019년 당시에는 낯설었던 이원재 교수의 문제제기는 3년여가 지난 우리 정치지형에 큰 충격을 던지면서 청년세대가 원하는 정치와 정책의 방향으로 현실화되고 있다. 다시 2019년으로 돌아가 이원재 교수를 비롯한 학계의 문제제기에 주목하면서 청년세대, 즉 미래 한국사회를 향한 바람직한 한국정치의 방향을 지표로 인재영입을 비롯한 한국정치의 변화를 논의하면서 실천해 옮기고자 노력했다.

김석호 교수, '청년들의 요구, 그러나 변화하지 않는 한국정치'

인재영입을 계기로 한국정치의 미래리더십을 향한 논의에 10년이 넘도록 청년문제에 천착해온 김석호 교수(서울대, 사회학)의 참여와 지적은 이원재 교수의 문제제기를 심화시키고 구체화시켜 우리 정치가 청년세대를 위해 무엇을 준비해야 하는지를 선명하게 해주었다. 3년이 지나 다시 돌아보면 이원재 교수와 김석호 교수의 지적과 예언은 정확히 들어맞았고 우리 정치, 특히 필자가 몸담고 있는 국민의힘은 아직 더 뼈를 깎는 반성과 참회 앞에 서야 한다는 엄연한 사실을 새삼 돌아보게 된다. 2020년 총선을 앞둔 2019년 김석호 교수의 한국정치권을 향한 통렬한 풍자와 비판은 여전히 우리 정치에 따가운 직언이라는 점에서 논의의 일부를 기고했던 글을 다시 인용해본다.

아무 일도 없었다. 언론과 야당이 한 달 넘게 조국 법무부 장관의 행적과 자질 문제를 제기했지만 결국 아무 일도 없었다. 문재인 대통령은 의혹만으로는 인재를 포기할 수 없다는 단 한마디로 어지러운 판을 정리하는 '공력'을 선보이며 예정대로 조국 교수를 장관에 임명했다. 오히려 이제 여론은 법무부 장관과 검찰총장 간 대결에 더 관심을 준다. 여당은 경제독립 열기로 얻은 승점을 밑천으로 검찰 개혁이라는 만회 골을 노리며, 남북관계 개선이라는 쐐기 골을 구상할 위치에 섰다.

계속 아무 일도 없을 것이다. 이대로 가면 내년 4월 국회의원 선거에서도 유권자들에게 조금 덜 낡고 덜 무능하게 각인된 진보 여당의 승리가 자명해 보인다. 더 시대에 뒤떨어졌고 더 부패했던 과거 보수 여당이 있기에 가능한 일이다. 사실 '조국 대전' 이전에는 한일전(韓日戰) 프레임에 갇혀 승부가 끝난 총선이었다. 자유한국당에 아베 총리의 경제 도발은 재앙이었다. 북한 김정은이 남한의 중재자 역할을 역겨워하며 쏘아 올린 미사일에 비틀거리던 여당은 숨 돌릴 공간을 찾았다. 유권자들이 '토착왜구'라는 혐오 표현이 누구를 향하는지 알게 된 순간, 지지 후보 선택 방정식도 단순해졌다. 적어도 내년 총선은 아무 일 없이 승부가 끝날 듯했다.

보수 야당에도 반전의 기회는 왔다. 조국 대전을 계기로 드러난 386의 거짓과 진보 인사의 실언은 모두의 공분을 사기에 충분했다. 그러나 아무 일도 없었으며 야당 누구도 이 기회를 살리지 못했다. 기득권이 된 386이 십시일반 가꿔온 그들만의 천국이 중하지 다른 이의 지옥은 안중에도 없음을 들켰을 때도, 유시민 노무현재단 이사장이 과거 독재자들이 386에게 제기했던 '배후 의심' 드립을 광장에 운집한 대학생들을 향해 치며 천박한 시민성을 드러낼 때도, 이진경 교수가 원희룡 제주지사를 비난하며 '친목질'을 과시할 때도 아무 일도 일어나지 않았다. 보수 야당은 여전히 더 무책임하고 더 낡고 더 무능하며 더 뻔뻔하기 때문이다.

여당은 내년 총선 장밋빛 전망을 그대로 유지해도 되겠다. 제대로 반성한 적도 사과한 적도, 변화할 의지도 없는 야당이 든든하게 있는 한, 유권자에게 진보 여권 말고는 선택지가 마땅치 않다. 여당 지지자들은 말한다. 그럼 조국이 밉다고 자유한국당에 투표하겠냐고. 야당 스스로 위선적인 386의 진짜 모습을 알린 계기였다고 자위할지도 모르겠다. 하지만 추석 가족들 차례상에서, 친구들 술자리에서 조국은 있어도 야당은 없었다. 화제에 올릴 만한 기대주가 없기 때문이다. 당 대표로 취임한 지 몇 달이 지났는데도 유권자가 황교안 대표의 정치 철학을 전혀 모르는 것은 누구 탓인가. 집권 계획은 있는가. 집권하면 과거와 달라질 것인가. 굳이 말하지 않아도 유권자는 야당이 대안이 아니라는 것을 너무 잘 안다.

오히려 한국당에서는 탄핵의 책임이 있는 사람들이 다시 전면에 섰다. 그들은 자신을 되돌아보지 않지만 유권자는 그들의 과거 모습을 잊지 않는다. 앞으로 변할 것이라 강변할지도 모르겠다. 하지만 국정농단의 무거운 책임에도 꿈쩍하지 않은 사람들이다. 겸손한 표정으로 유권자를 만난들 누가 믿고 어떤 기대를 할까? 정치심리학의 투표행태 연구에서 지지 후보 결정 시 미래에 대한 기대보다 강력한 요인은 없다. 야당 내부에서 아무 일도 일어나지 않았기에 유권자는 기대를 접었고, 그래서 아무 일도 일어나지 않을 것이다.

당 대표가 청년들에게 아들 자랑을 하고 영혼 없는 '감성팔이'만 할 줄 아는 정당, 중진이라는 분이 장관 후보자가 출산 경험이 없어 100점이 아니라는 말을 쉽게 하는 정당, 집권 시기 권력게임에만 빠졌던 전 당 대표가 보수 대통합을 추진하는 정당. 어떤 유권자가 이런 정당을 선택지로 고려하겠는가? 추석 이후에는 국정감사, 예산안 심사 등을 거치며, 예년과 다름없이, 보수와 진보가 여의도에서 서로 총질하며 어떤 날은 한쪽이, 다른 날은 다른 쪽이 소소한 승리를 챙길 것이다. 그런 날들이 반복되고 내년 총선이 찾아오고 2022년 대선도 시작할 것이다. 그러는 동안 시대에 뒤떨어진 야당과 기득권을 조직적으로 강고하게 하려는 여당에서는 아무 일도 없는 날들이 쌓일 것이다.

밋밋한 선거가 여러 번 지나고 정권의 주인도 뒤바뀌면서, 새로운 정치가 없고 아무 일도 일어나지 않는 야당과 여당으로 인해 대한민국에서 활기는 사라질 것이다. '조국'이 100명 나와도 아무 일도 일어나지 않는 정치권이 있는 한 우리도 아무 일 없이 그렇게 죽어갈 것이다.

— 김석호 교수(서울대 사회학), '조국이 100명 나와도 아무 일도 없을 것이다', 2019년 9월 16일, 동아일보.

김석호 교수(서울대사회발전연구소장, 서울대 사회학)는 국회 청년미래특별위원회를 비롯 한국사회의 청년문제를 고민하는 여러 자리에 적극 참여해 도움을 주는 사회학자이다. 사진은 지난 2020년 국회 보훈정책 혁신 세미나에서 주제발표를 하는 김석호 교수.(사진 심상협)

    그후 총선이 지나고 다시 2022년 대통령 선거와 동시지방선거가 다가오고 있다. 촛불과 탄핵이 반복되고 최순실과 그의 딸 정유라, 조국 전 법무부장관과 그의 딸 조민 등으로 상징되는 불공정과 특혜, 기득권의 부도덕한 행태가 반복된다 해도 한국사회가 변화하지 못한다면 그것은 한국정치의 책임이며, 국민의힘이라는 정당의 책임이며, 또한 필자 본인의 책임이기도 하다는 엄연한 현실 앞에서 다시 한번 뼈를 깎는 반성과 참회 앞에 선다. 반성과 참회의 대상은 바로 우리 청년세대이며 목표는 미래한국 사회의 리더십이다.

한국사회는 진정 미래한국의 영웅이어야 할 청년세대에게 '헬조선'이자 절망일 수밖에 없는가? 2019년 자유한국당 인재영입위원장으로서 우리 안에 숨겨진 청년 영웅들을 찾아서 열성을 쏟았던 당시의 문제의식과 각오는 여전히 진행형이라는 성찰이다. 무엇보다 청년세대를 향한 정치와 정책의 관심은 한국정치의 커다란 장애인 이른바 '87레짐' 청산이라는 대전제 앞에 서있다.

2019년 당시 세미나 발제 원고를 3년이 지난 오늘 새로운 각오의 의미로 다시 정리해본다. 필자는 2016년 가을 시작된 촛불은 여전히 현재진행형이라는 믿음이고 내년 대선과 동시지방선거에서도 변함 없이 청년세대의 새로운 정치를 향한 요구로 더 큰 물결로 밀어닥칠 것이라는 소신이다. 이제 우리 정치는 청년세대에게 대답하고 이들이 살아갈 미래 한국을 향해 길을 열어야 한다. 즉 현재진행형의 '촛불'은 '레짐체인지'로 나아가야 하고, 여전히 오만하고 반성할 줄 모르는 기득권의 '편법의 평범성'부터 단죄해야 한다.

지난 2016년부터 2019년 8월까지 여러 석학들의 참여와 통찰을 담은 논의과정, 그리고 필자의 통찰을 요약 정리했던 글을 다시 새긴다.

2013년 박근혜 정부 출범 초기 작은 모임을 시작하면서 87레짐의 교체를 생각했다. 그 화두는 '개헌'이었다. 그러나 여야가 합의하고 여야 대선 후보가 공약하고도 개헌은 첫 단추도 꿰지 못하고 있다. 문재인 정부 들어서도 국회 개헌특위, 대통령 개헌안이 잠시 떠올랐다가 뜬구름처럼 사라졌다.

2016년 세월호 이후 8월 말 정유라 의혹에 이대생들의 시위가 시작될 즈음 2013년 이후 이어져온 작은 모임에서 이원재 교수(사회학, KAIST 사회기술대학원)는 한국정치 양극화의 심각성을 분석하면서 "대중조작과 지배적 언론의 왜곡과 조작이 지속될 경우 현 체제로서는 감당할 수 없는 사태가 올 수밖에 없다"고 예측했다. 후속 논의과정에서 이재열 교수(서울대, 사회학)는 '민주적 절차와 합의'의 실종을 우려했고, 김영수 교수(영남대, 정치학)은 87체제 이후 정권 운영의 한계를 술회했다. 실물경제 현장 전문가, 과학기술과 정책 분야 테크노크랫, 공직 분야에서도 참여하여 한국사회의 정치체제로 인한 각 분야의 지체현상을 토로하고 우려했다.

2017년 1월말 87년 6월 민주화운동 이후 한국정치학회와 한국사회학회 주관 국민대토론회가 만 30년만에 연세대에서 열렸다. 1987년 대토론회에는 김대중, 김영삼 등 대선 후보가 참석할 정도로 성황이었으나 2017 대토론회는 학자들 중심의 발제와 토론으로 이루었다. 촛불, 탄핵이 5월 조기 대선으로 치닫던 한복판이었다. 외교 안보, 경제, 자치, 복지를 비롯한 사회 전반의 프레임을 환기하면서 모든 의제는 권력구조개편, 또 개헌으로 환원되었으나 87레짐을 대체할 레짐체인지의 대안은 안개 속이었다.

   송호근 교수의 "숙의 절차 없는 촛불의 한계"에 대한 화두가 기억에 남았고 87레짐을 대체할 체제에 대한 논의는 숙제로 남았다. 지금도 선연한 중론은 "과연 촛불을 누가 하이재킹할 것인가?"라는 불길한 예측이었다. 결국 어두운 예측이 지금 '조국 정국'으로 드러나고 있는 것 아닌가?

   2017년 격랑의 대선정국, 우연찮은 계기로 '합의'를 의제로 한 여러 분야의 정책아젠다를 대선 전략 캠프에 전달했고 일부는 정책으로 채택되기도 했으나 '민주적 합의와 절차'의 총론은 거세된 채 포퓰리즘 성향의 공약이나 정책의 각론으로 변질되었다. 2017년 9월 2012년 2월 이후 지난 6년여의 논의를 '한국 사회와 정치의 양극화, 그 해법을 찾아서'란 의제를 필두로 『그리운 미래』(이명수 저, 2017.9)를 출간하기도 했다.

청년세대는 부도덕한 '기득권' 개혁을 원한다

2018년 레짐체인지를 향한 의제를 '참회와 합의'로 정리하여 숙의와 논의를 계속했다. 모델은 한국사회보다 더 극악하고 참혹한 살육과 갈등에서 '화해'와 '합의'를 이끌어낸 90년대 초반 남아공 만델라의 '진실과화해위원회'와 '몽플레컨퍼런스'였다. 교훈의 핵심은 "사면을 전제로 한 진실의 고백"을 전제로 한 사회적 '참회'였고 국민적 컨센서스를 향한 만 4년간의 인내와 통의의 '남아공 미래 시나리오 씽킹'이었다.

돌아보면 한국사회의 첨예한 갈등은 '미워할 준비가 되어 있는 준비된 갈등'(이재열 교수)만 있고 '진실'도 '참회'도 없다. 오직 권력의 기득권을 향한 끊임없는 정쟁과 정략의 악순환 뿐이다. 모든 정당한 목적도 권력 쟁취를 위한 수단으로 합리화되고 만다.

2018년 5월 1년 6개월여 전의 '촛불은 시작일 뿐'이란 가정 아래 "레짐체인지 어느 계층, 어느 세대로부터 올 것인가", 그리고 "정치와 정책, 무엇을 준비해야 할 것인가?"라는 2가지 의제로 압축해 논의를 진전시켰다. 과연 세대가, 세대갈등이 사회변혁의 알고리듬일 수 있는가 하는 이원재 교수의 페이스북 발제가 있었고, 세대간의 갈등과 독점이 버블과 사회제체로 이어졌던 일본사회의 모델에 대한 우려(이재열 교수)도 제기되었다.

2019년 8월 다시 화두는 레짐체인지다. 이른바 조국 법무부 장관 후보자 지명을 놓고 촉발되기 시작한 '입시부정' 시비는 청년층의 공분으로 확산되는 조짐을 보이고 있고 조국과 여야를 넘어서 '기득권 대(對) 반기득권'의 프레임으로 진화하고 있다.

조국 후보자를 향한 신평 변호사가 20일 조국(54) 법무부 장관 후보자의 자진 사퇴를 공개적으로 촉구한 글이 대표적 담론이다. 신평 변호사는 1993년 이른바 '3차 사법파동'의 주역으로 불리는 대표적 개혁론자이자 진보 성향 법조인이다.

"우리 사회는 보수와 진보로 나누면 잘 보이지 않는다. 그러나 기득권 세력과 그에 포함되지 않은 사람들로 나누면 희한하게 잘 보인다....(중략)...진보라고 표방하면서 기득권 세력으로서 누릴 건 다 누리는 '진보 귀족'들의 행동에도 거침이 없다. 자신이 챙길 건 철저하게 챙겨왔다. 해방 후 지금까지 이렇게 기득권 세력의 발호는 그치지 않았고, 서민들은 사실상 개돼지 취급을 받아왔던 것이다"

– 신평 변호사(63년생, 사법연수원 13기)

그럼 87레짐의 실체는 무엇인가? 문제는 87레짐의 상징인 개헌 헌법에 그대로 남아 있다. 핵심은 '절차와 합의'의 부재다. 1987년 대통령직선제를 골자로 한 제9차 개정헌법은 6월민주화운동 직후 여야가 밀실에서 합의한 초안을 한달여간 언론지상에 공고한 후 1987년 10월 29일 재적 의원 272명 국회의 표결(투표율 78.2%, 찬성 93.1%, 반대 5.5%)을 거쳐 통과되었고 그해 12월 개정헌법에 의한 대통령 선거가 치러지고 제6공화국이 개막했다. 따라서 2019년 8월 레짐체인지의 핵심도 '절차와 합의'에서 출발한다는 소견이다.

한 가지 잊지 말아야 할 사람들이 있다. 청년들, 바로 '역사 속의 젊은 그들'(하영선, 정치외교학)이다. 한국사회의 지체를 전환과 전진으로 바꾼 헌신과 동력은 '청년의 피'에서 비롯되었다. 4.19혁명을 통한 레짐체인지는 대구, 대전, 마산의 고등학생들의 피와 죽음을 밀알로 학생의거로 승화되었다. 6월 민주화운동은 박종철과 이한열의 죽음 위에서 대통령직선제의 레짐체인지로 전진하였다.

2017년 촛불과 탄핵은 이대학생들의 '침묵시위'로 발화하였고, 2019년 8월 다시 청년들의 촛불이 타오르기 시작한다. 그들이 무슨 피를 흘리느냐 어리석게 묻지 말자. 첫 직장의 60%가 일용직이거나 비정규직인 세대, 계층상승의 꿈도 절망한 채 소박한 '소확행(小確幸)'의 소망조차 알바와 컵라면으로 지탱하며 바늘구멍 공시에 명운을 걸어야 하는 대다수 '흙수저' 청년들의 가슴에 처절히 낭자한 피가 보이지 않는가?

그리고 나서 눈을 밝혀 보면 '조국 정국'의 허상에 가렸던 여실한 뒷모습이 드러난다. 조국 후보자의 문제도, 여야 정쟁의 문제도, 진보, 보수의 문제도 아니다. 기득권을 가진 자들과 기득권에서 처절히 소외되고 외면당해야 하는 이들의 싸움이자 투쟁이다. 이제 암암리에 누려온 기득권층의 편법과 대물림과 유착(癒着)의 관행을 향한 처절한 항쟁이다. 지금 그 선봉에 다시 청년들이 앞장서고 있다.

그들 선봉에 선 청년들을 '정치배후, 수꼴 기레기, 알바'로 폄훼하지 말아야 한다. 서울대, 고려대 청년들은 촛불집회 동안 조국 후보자에게 제기된 의혹을 규탄하는 데만 집중하자며, 집회를 정치적으로 이용하려는 움직임은 철저하게 배제해야 한다고 거듭 강조하고 있다.

그들은 "보수에서는 기회로 노려 탑승하려 할 것이고, 진보에서는 우리를 '일베'로 몰아넣으려 할 것"이라 우려했고 "우리 학교에서 발생한 부정입학 의혹에 대해 학교 측이 진상규명을 하게 하는 게 주요 목적이고, 해명을 요구하는 주체는 학생사회가 되어야 한다"고 못박고 있다.

2016년 정유라 씨의 부정입학 건과 관련해 시위가 일었던 이화여대에서도 당시 학생들은 세월호 사건을 상징하는 '노란 리본'이나 페미니즘을 암시하는 배지·복장 등의 착용을 금지하는 등 정치색을 배제하려는 움직임이 있었다. 당시 이화여대 학생들은 마스크와 모자만을 착용한 채 특별한 정체성을 띠지 않은 개인들이 시위에 참여하고 있다는 것을 강조한 바 있다.

우리는 존중하며 주목해야 한다. 청년들은 '꼰대' 세대를 비롯한 전세대들이 386, 586, 이런 식으로 어설프게 동질화하고 집단화하여 편승하거나 명분화했던 시대의식을 철저히 부정하는 듯이 보인다. 그들에겐 그들 자신마다 선명한 개인의 권리를 요구하고 있다. 연평해전, 연평도 포격 당시 해병대 지원 붐에서도 보듯이 그들은 자신의 의무에 대해서도 철저하다. 그들 개인과 개인 사이는 남녀 연인관계조차 밥값 찻값을 나누는 계약관계의 양상이 일반적이다. 선배가 술값 밥값의 호의 이면에 은연중 권위와 종속을 강요하던 세대와는 다르다.

철저한 개인주의 윤리와 합리에 바탕한 개인 사이의 계약관계. 이는 기성세대가 민주화와 성장의 명분 아래 애써 외면해왔던 민주주의와 자본주의의 기본 덕목이자 윤리의 출발점 아닌가?

이즈음 다시 '한나 아렌트'의 "악의 평범성"(예루살렘의 아이히만)에 주목한다. '공공성(公共性, publicness)'이 결핍된 평범한 개인이 얼마나 극악한 반인륜적 행위를 자행할 수 있는가? 정도의 차이는 있을지 몰라도 한국사회 기득권층의 "편법의 평범성"은 오랜 암묵적 관행이자 저들만의 리그여왔다. IMF의 조짐으로 비화했던 한보사태의 정태수로부터 최근의 정유라와 최순실의 당연하면서도 억울하다는 식의 항변, 오늘 조국 후보자의 지극히 개인적 불찰로 치부하려는 모습에서 기득권층의 "편법의 평범성"을 본다.

"당시 존재했던 법과 제도를 따랐다고 하더라도 그 제도에 접근할 수 없었던 많은 국민들과 청년들에게 마음의 상처를 주고 말았다."

— 조국 법무부장관 후보자 입장문

'그 제도에 접근할 수 없었던 많은 국민들과 청년들'이란 대목의 '그 제도'란 도대체 무엇인가? 기득권층만이 접근할 수 있고 활용할 수 있는 제도가 존재하고 다만 자신은 그 제도 안에서 정당했다는 의미 아닌가?

단언컨대 '조국 정국'은 '촛불'의 연장선상이며 여야 정쟁이나 청문회로 끝날 사안이 아니다. 청년들은 '기득권층의 편법'에 분노하고 행동해왔으며 또한 앞으로도 행동할 것이다. '진실'과 '참회'만이 저들의 정당한 분노와 '화해'할 수 있을 뿐이다. 청년들의 저항의 대상은 여야를 막론한 정치기득권이며 관료화된 채 부표처럼 기득권화된 시민사회단체도 예외가 아니다.

저들이 믿고 살아가는 권리와 의무의 주체로서의 개인, 그 개인 간의 합리적 계약관계. 나악 그에 상응하는 기회의 평등과 과정의 공정이 '공공성(公共性, publicness)'이라는 대전제와 등식이 성립하지 않는다면 기득권층에 만연한 '편법의 평범성'이 단죄될 때까지 그들의 행진은 멈추지 않을 것이다.

그리고 이제 87레짐의 전환, 즉 레짐체인지는 청년들이 선 '공공성' 그 좌표에서 시작될 것이다. 나 또한 50 평생 단 한 순간 단 한 치라도 '편법의 평범성'을 자행하고 있는가 엄정한 성찰과 참회에 지점에 우리 정치는 지금 서있다.

이재열 교수, 『다시 태어난다면, 한국에서 살겠습니까』

2019년 이원재 교수와 김석호 교수의 발제를 중심으로 한 논의를 포괄하는 의제는 소모임 세미나의 좌장 역할을 맡아 논의에 참여해준 이재열 교수(서울대 사회학)의 역저 『다시 태어난다면, 한국에서 살겠습니까 - 한강의 기적에서 헬조선까지 잃어버린 사회의 품격을 찾아서』(이재열 지음, 서가명강4, 21세기북스, 2019년 5월)의 통찰로 포괄된다.

이재열 교수는 오늘 한국사회를 진단하면서 '불신, 불만, 불안으로 얼룩진 나라에서 행복해질 수 있을까?'라는 질문을 던진다.

성공적으로 산업화와 민주화를 이룬 기적의 나라로 칭송받는 한국사회. 하지만 정작 한국인들은 한국을 살기 좋은 나라라고 생각하지 않는다. 한국인들의 마음은 '불신', '불만', '불안'으로 가득 차 '3불 사회'라는 용어가 등장하기에 이르렀고, 물질적으로는 풍요롭고 정치적으로 민주화를 이루었지만, 자살률은 급증하고 정치적 냉소가 심각해진, 이른바 '풍요의 역설', '민주화의 역설'에 시달리고 있다고 진단한다.

이재열 교수는 한국사회가 이러한 역설에 빠지게 된 이유를 점차 우리 사회에 불신의 분위기가 퍼지면서 서로 믿지 못하고 개인의 도전과 창의력이 줄어들었다는 현상과도 연결시키면서 베이비붐 세대(1955~1963년생)는 급속한 경제성장기에 사회에

이재열 교수가 2019년 5월 출간한 『다시 태어난다면, 한국에서 살겠습니까 - 한강의 기적에서 헬조선까지 잃어버린 사회의 품격을 찾아서』(이재열 지음, 서가명강4, 21세기북스, 2019년 5월) 출간 기념 강연회 포스터. 이재열 교수는 매년 서너 번의 작은 세미나를 비롯 여러 언텍트 강의를 통해 한국사회의 미래를 고민하고 해법을 찾는 나침반을 제공해주곤 한다.

진출해 성취감을 느끼며 중산층으로 자리 잡았지만 이후 등장한 에코 세대(1979~1992년생)의 불행한 현실에 주목한다. 에코 세대는 1997년의 외환위기 이후 '불안'이 널리 퍼진 한국사회에 진출하여 '안전'을 가장 중요한 가치로 여기게 된다. 이전 세대보다 더 높은 교육을 받았고 각종 스펙과 자격증으로 능력을 갖춘 에코 세대는 그러나 안정적인 공무원이 되기를 꿈꾼다. 또한 현실에 매달려 허덕이며 살고 싶지 않아 하며 결혼도 출산도 필수가 아닌 선택으로 생각한다. 이런 에코 세대들이 외형적으로는 풍요롭고 민주적인 사회에서 살면서도 내적으로는 스스로 불행하다고 느끼는 것은 어떻게 보면 자연스러운 결과가 아닌가 하는 문제를 제기한다.

이재열 교수는 세대 간에 드러나는 뚜렷한 갈등을 개인적인 문제가 아니라 사회 구조적인 문제로 바라본다. 또한 '3불 사회' 속에서도 인간적으로 살 수 있고 행복해질 수 있는 해결책을 그간 천착해온 각종 사회지표와 조사결과에 바탕한 연구를 통해 규명하고 있다.

이재열 교수가 이러한 문제제기를 통해 나아가고자 하는 미래의 한국사회는 '사회의 품격'이 살아있는 대한민국이다. '품격 있는 사회'는 어떻게 하면 안심하고, 포용하며, 신뢰하고, 활력 넘치는 사회이다. 이재열 교수는 이를 실제로 구현하기 위해서는 '정의', '평등', '연대', '역량'이라는 네 가지 가치를 지향해야 한다고 강조한다. 우선 사회경제적 안정성이 갖추어져 누구나 최소한의 인간적인 생활을 보장받을 수 있으며, 남녀, 인종, 학력, 나아가 정규직과 비정규직의 차별이 없고, 서로 신뢰하고 공통의 규칙 아래 연대하고, 개인의 역량을 마음껏 펼칠 수 있는 사회를 '품격있는 사회'의 모습으로 제시한다. 앞선 이원재 교수와 김석호 교수의 청년세대를 향한 통찰과도 와도 일맥상통한다.

> 외환위기 전까지 한국인은 늘 어제보다 나은 오늘을 경험했고, 오늘보다 나은 내일을 기대했으며, 그 기대가 충족되는 삶을 살았다. 아들 세대는 아버지보다 나아진 사회를 경험했고, 또 그 자식 세대는 자신보다 더 개선된 사회에서 살 것이라 기대했다. 이는 지속적인 경제성장 때문에 가능한 일이었다. 그런데 외환위기는 그런 기대가 틀렸다는 것을 집단으로 체험하게 했다. (중략) 에코 세대는 이처럼 사회적 분위기가 바뀐 다음에 사회에 진출한 세대다. 당연히 과도한 위험회피 경향을 보일 수밖에 없다.
>
> – 이재열 지음, 『다시 태어난다면, 한국에서 살겠습니까 –한강의 기적에서 헬조선까지 잃어버린 사회의 품격을 찾아서』, 서가명강4, 21세기북스, 2019년 5월) 40-42쪽

이재열 교수는 에코세대의 불안과 불안전한 사회에 대한 인식을 대구지하철 사건과 같은 극단적인 사고로부터 예고된 참사였던 세월호 사건에 이르기까지 제도적으로 보장되었어야 할 여러 단계의 안전장치가 모두 무력화된 현실에 주목한다. 즉 세월호 사건은 예외적인 한 번의 재난이 아니라 그 사건을 구성하는 여러 요소들, 갑판 위의 노동력 관리, 해운회사의 운영과 조직문화, 연안해운을 둘러싼 규제기관의 역할, 정부의

정책 등에 이르기까지 다양한 수준의 시스템적 요소들이 결합해서 만들어진 종합 결과물이었다는 분석 아래 이러한 사회를 경험하며 살고 있는 에코세대로 상징되는 청년세대들이 과연 한국사회에서 결혼하고 출산하며 아이를 기르며 살고 싶겠는가 하는 근본적인 질문을 던진다. 이를 넘어서 미래의 한국사회에서 우리 청년세대가 꿈을 가꾸고 살아가기 위해서는 참여하고 변화시키며 연대하고 공감하는 공동체의 회복이 절실하다는 결론을 제시한다.

현재 우리나라에는 미래에 대한 불안이 팽배해 있고, 제도와 정부를 불신하며 현실에 불만을 갖는 사람들이 많다. 청년층은 위험은 기피하려 하고 사회적 의제에 대한 참여가 소극적이며, 변화 의지가 부족하다. 모래알처럼 흩어져 각자도생하되, 경쟁이 심하고 공동체 의식은 낮다 보니 이 모두가 행복감이 떨어지는 사회적 원인이 된다. 이는 사회의 품격이 떨어지기 때문에 겪는 증상이다. 그렇다면 '좋은 사회'는 어떤 모습일까

미래에 대한 희망이 넘치고, 제도에 대한 신뢰가 높고, 현실에 만족하며, 적극적으로 위험을 감수해 창업과 혁신 노력을 기울이고, 참여를 통해 능동적 변화를 끌어내려는 공동체 의식이 높은 사회, 이런 사회라면 국민들의 행복감은 높아질 것이다.

― 이재열 교수, 앞의 책, 239-240쪽

이원재교수와 김석호 교수, 이재열 교수의 문제제기와 논의를 바탕으로 '청년세대는 자신들의 현실과 미래를 어떻게 생각하는가?'라는 의제 아래 '청년세대의 미래의식 집단심층면접토론'을 시행했다.(2019년 9월 28일, 칸타코리아, 집단심층면접조사(Focus Group Interview))

청년에게 묻다, '한국사회의 현실과 미래를 어떻게 생각하는가?'

역사를 바라보는 시각은 미래를 선택하는 나침반이다. 출발점은 현재 지배적인 담론은 정치를 비롯한 상부구조의 거대담론에만 주목하고 있는 현실인식에서 벗어나 정말 중요한 변화의 주체는 사회를 구성하고 변혁을 추동하는 시민 개인 개인이라는 인식 아래 개인, 특히 청년세대의 의식변화에 주목해야 한다는 데에서 출발했다

지난 2016년 이후 한국사회 변혁의 동인으로서 청년세대에 주목하며 이들 청년세대의 드러진 성향이 '개인주의'에 있으며 현재 극단으로 치닫고 있는 이념에 기반한 정치양극화와는 확연히 차별화된 새로운 정치지형을 원하고 있다는 점을 주요 토론 의제로 삼았다. 결과는 앞서 살펴본 이원재 교수, 김석호 교수, 이재열 교수의 조사와 성찰에서 한걸음 나아가 청년세대의 생생한 목소리로 이들의 가치관과 정치욕구를 확인할 수 있었다. 오늘 대선을 앞둔 한국사회에 이들 청년세대의 의식과 행동양식, 나아가 정치성향과 욕구가 여전히 중요하다는 점에 주목하여 집단심층면접조사 내용을 간략히 요약하면 다음과 같다.

집단심층면접조사는 19세~20대 그룹, 30대 그룹, 40대 그룹 등 총 3개 그룹으로 나누어 진행했고, 1그룹당 남녀 4명씩

모두 8명을 무작위 추출하여 섭외한 다음 시행하였다.

2019년 9월 '청년세대는 자신들의 현실과 미래를 어떻게 생각하는가?'라는 의제 아래 시행한 '청년세대의 미래의식 집단심층면접토론' 결과는 졸저 『십년 후 한국인에게 쓰는 편지』(오름에디션, 2019년 10월)에 실은 바 있다.

첫 번째 의제는 청년세대는 '스스로 처한 현실을 어떻게 인식하고 있을까?'였다.

계층 이동이나 신분 상승에 비관적이며, 부모 세대보다 못살 것, 현재의 삶보다 못해질 수 있으리라는 위기의식을 강하게 느끼고 있었다. 이들은 스스로의 의무를 다하려 노력하고 있으나 이에 상응하는 권익은 제대로 받지 못하고 있다고 판단하고 있고, 특히 기득권층에 대한 반감이 강하며, 공정성이나 형평성에 뿌리 깊은 불신과 불만을 토로했다.

'소확행'으로 상징되는 개인 라이프스타일의 추구와 만족을 추구하려는 경향이 강했으며, 개인의 경제적 상황에 바탕하여, 최대한 행복을 추구하려는 경향이 강했다. 특히 19~20대로 갈수록 여성, 계층 등의 불평등과 이로 인한 문제의식을 심각하게 인식하고 있었으며, 페미니즘 경향이 두드러졌다. 특히 이는 비단 여성 뿐만이 아니며 여자친구나 여성동료의 불공정한 현실에 공감하는 경향이 강해지고 있음.

두 번째 의제는 '자아와 개인은 어떠한 특성을 가지고 있고 어떠한 가치관으로 사회적 관계를 맺고 있는가?'에 관해서였다.

청년세대는 정치를 이념으로 보려하지 않고 자신의 실리와 관련된 권리 확보의 방법으로 생각하고 있다는 변화를 보이고 있었다. 특히 대북문제와 관련하여 기존 586과는 달리 군생활 체험(여성의 경우 남친이나 동료)에 기반하여 강한 반감을 가지고 있었는데, 이러한 경향은 젊을수록 강했으며, 특히 34세 이하 그룹에서 더욱 강하게 나타냈다.

전반적으로 이전 세대에 비해 진보성향은 강해지고 있으나 40대까지의 이념적 진보에 비해 30대, 20대로 갈수록 개인주의에 바탕해 개인의 자유와 권익에 집중하는 진보성향이 두드러지게 강화되고 있다는 점을 확인할 수 있었다.

개인과 개인의 관계는 계약관계에 기반하여 생활하려는 경향이 강했고, 이러한 경향은 연인 사이의 관계에서까지 '더치페이' 등의 방식으로 보편화되고 있을 정도였다. 가장 관심이 높은 결혼관에 있어서도 개인의 희생을 회피하려는 경향이 강하며, 특히 여성의 경우에는 더 심한 피해의식으로까지 느껴질 정도였다. 결혼 이후 출산문제에 있어서는 자신이 경험한 '헬조선' 현실을 경험하게 하거나 물려주는데 두려움을 느끼고 있었으며, 그런 이유로 출산을 기피하려는 경향이 강하게 나타나고 있었다.

셋째 의제는 '기성세대에게 무엇을 바라며 어떠한 미래사회를 그리고 있는가?'에 관해서였다.

가장 싫어하는 말이 공통적으로 "너희가 뭘 안다고? 우리 때는"이라는 집단주의적 경향이었으며, 같은 세대 사이에서도 개인을 존중하되 단절되는 그룹의 경우 관계를 맺지 않으려 하고 있었고, 반면 소통하는 그룹끼리의 동류의식은 다른 그룹에 대해 배타적일 정도로 강하게 나타난다는 특성을 보였다.

20대는 30대에게, 30대는 40대에게, 40대는 5060에게 '꼰대'라는 강한 반발감을 가지고 있으나 대개의 경우 외면적으로 표현하지는 않고 있었으며, 자신들의 '소확행'으로 상징되는 개인적인 라이프스타일을 침해할 경우 강하게 반발하는 경향을 나타냈다. 40대부터는 이러한 2030세대의 개인적 성향에 불만을 가지고 있었으며, 스스로가 자신들이 비판했던 '꼰대'가 아닌가 하는 성찰도 하고 있는 것으로 나타났다.

기성세대에 대한 반감보다는 기성세대에서 자신의 세대로 이어지는 기득권, 특권의 대물림에 대한 강한 저항감을 가지고 있었고, 특히 20대로 갈수록 진보, 보수에 상관 없이 기득권층에 대한 반감, 특권을 누리는 계층에 대한 반감이 강했으나 이를 실질적으로 개혁하려는 의지보다는 개인의 영역에 안주하려는 경향을 보이기도 했다.

네 번째 의제는 '과연 다시 태어난다면 한국사회에 살고 싶은가? 원하는 일과 직업은 무엇이며 일을 통해 어떤 가치를 실현하고 싶은가?'에 관해서였다.

한국사회에 불만이 많고 혐오하는 경향이 강했으나 스스로 이를 변화시키고자 하는 의지는 미약한 편으로 나타났다. 대부분이 한국 이외의 선진국을 동경하고 있으며, 그래도 지금까지의 관계로 보아 한국사회에 살 수밖에 없다는 비관적인 견해가 지배적이었다.

특히 '직업을 통한 가치관 실현'과 관련해서는 2017년 독일의 '노동 4.0의 가치관(Wertewelten Arbeiten 4.0) 연구'에서 독일 국민들의 집단심층면접을 통해 추출한 6가지 가치관 문항을 중심으로 그룹별 견해를 토론하면서 경향을 파악해보았다. 독일 국민의 직업과 노동에 대한 상위 7가지 가치관은 다음과 같다.

가치관1. '노동'에 대한 걱정 없이 살고 싶음

가치관2. 열심히 일하여 풍요로운 삶을 이루고 싶음

가치관3. 일과 삶의 균형을 찾고 싶음

가치관4. 일 외의 영역에서 의미를 찾고 싶음

가치관5. 자신의 가능한 역량을 총동원하여 일하고 싶음

가치관6. 일 속에서 자아실현을 하고 싶음

가치관7. 유대감이 매우 강한 공동체 내에서 일하고 싶음

토론 결과 20대일수록 '가치관1. 노동에 대한 걱정 없이 살고 싶음,' '가치관2. 열심히 일하여 풍요로운 삶을 이루고 싶음' 등을 추구하는 경향이 강하게 나타났으며, 3040으로 갈수록 '가치관3. 일과 삶의 균형을 찾고 싶음'과 '가치관4. 일 외의 영역에서 의미를 찾고 싶음' 등의 경향이 강하게 나타나는 차이를 보였다.

결론적으로 '청년세대는 자신들의 현실과 미래를 어떻게 생각하는가?'라는 의제 아래 진행한 '청년세대의 미래의식 집단 심층면접토론'은 2040 사이의 청년 세대 사이에서도 큰 폰차를 보이고 있다는 점을 확인할 수 있었고, 이렇듯 다원적인 청년들의 한국사회에 대한 현실인식과 정책욕구를 다양하게 수렴하고 정책화할 수 있는 정치와 정책 시스템이 절실하다는 교훈을 얻을 수 있었다.

이러한 청년세대의 가치관과 행동양식은 3년이 지난 오늘

2020년 총선과 2021년 서울시장과 부산시장 보궐선거를 통해 '이대남', '이대녀', '페미니즘' 등과 같은 특징적인 경향으로 나타나기도 했다.

한국사회의 청년세대에 대한 학계의 관심과 연구, 그리고 청년세대의 가치관과 정치의식을 확인할 수 있었던 '청년세대의 미래의식 집단심층면접토론' 결과를 바탕으로 2020 총선과 2022 대선, 동시지방선거를 향한 정치혁신 의제들을 정리하면서 가까이 있다고 생각하면서도 제대로 소통하지 못했던 당시 자유한국당 안의 청년들을 만나 토론 자리를 마련해 나갔다.

당시 자유한국당 청년중앙위원이던 백이룸 씨, 김용식 자유한국당 노원병당협위원장, 여의도연구원 이희우 연구원 등의 목소리는 강력하게 당의 쇄신과 정책 변화를 요구하고 있었다.

백이룸 청년의 '나의 당, 자유한국당을 향한 진언'

2019년 11월 국회의원회관 식당에서 오찬을 겸한 간담회는 아직도 기억에 생생하다. 의제는 백이룸 자유한국당 중앙청년위원이 자신의 페이스북에 '나의 당, 자유한국당을 향한 진언'이란 제목으로 올린 장문의 당의 쇄신을 촉구하는 글이었다. 백이룸 씨는 1989년생 가장 보통의 한국 청년이다. 3년이 지난 오늘날에도 백이룸 씨의 목소리는 여전히 제대로 쇄신하지 못한 채 대선과 지방선거를 향한 국민의힘에 경종을 울린다는 점에 주목하여 전문을 요약해 정리해 보면 다음과 같다.

절체절명의 상황입니다. 나라가 사느냐 죽느냐 기로에 서 있습니다. 이러한 상황에서도 우리는 너무나도 무력합니다. 참담함을 금할 수가 없습니다. 비탄한 마음으로 펜을 듭니다. 작년 지방선거를 기억합니다. 특별시 및 광역시장 8석중 한국당 1석, 민주당 7석, 도지사 9석중 한국당 1석, 민주당 석7, 서울시의회 100개 선거구중 한국당 3석, 민주당 97석, 경기도의회 129개 선거구중 한국당 1석, 민주당 128석.

지방선거 이후로 사실상 거의 모든 주요 지자체가 민주당 1당 독식 체제가 되었습니다. 국회에서는 한국당을 제외한 모든 정당이 사실상 민주당 2,3중대로 전락하여 패스트트랙 정국이 되었습니다. 그리고 이제 불과 몇 달 뒤면 2020 총선을 앞두고 있습니다.

저는 작년 지방선거에서 죽마고우의 간곡한 부탁으로 일과 학업, 계획을 모두 내려놓고 후보와 함께 선관위에 등록되어 자원봉사자로 뛰었습니다. 그렇게 할 수 있었던 가장 큰 이유는 후보의 요청도 있었지만 이 나라가 과연 이대로 괜찮은가? 하는 문제의식과 그래도 나라를 위해서 무엇이라도 해야 하지 않겠는가 하는 심지 때문입니다. 부귀영화와 영광? 그런 건 생각해 본 적도 없고 된다 한들 전혀 보장되는 것도 아니었습니다. 그리고 전 그런 것을 쫓는 사람도 아닙니다. 별 볼 일은 없는데 말이죠.

여하튼 어렵고 힘들 것이라고 예상은 했지만 생각보다 훨씬 더 힘들더군요. 길을 나서면 야유와 조롱은 기본이었고, 야간에는 취객들의 거친 욕설도 그냥 일상이 되었습니다. 아직 혈기가 왕성한 나이에 분노가 차오르기도 하였지만 그보다도 그냥 가슴이 아플 때가 가장 많았습니다. 살면서 한 번도, 전혀 알지도 본 적도 없는, 제가 그 어떤 피해도 주지 않았던 사람들이 우리가 이곳에 몸담고 있다는 이유 하나만으로 그러한 행위들을 너무도 당연하다는 듯이 하는 것을 매일 겪으며 그냥 마음이 슬펐습니다.

이제 와서 말하지만 하루는 이런 일도 있었습니다. 사무실 앞에 주차해두었던 후보의 차가 다음날 출근해보니 백미러가 부서져 있더군요. 꼭 누군가 발로 걷어찬 듯이 말이죠. 신고를 하려는 저를 20년 지기 친구이자 정치적 동지인 후보가 말리며 이런 말을 하더군요.

"그래도, 이 사람들도 우리 사회의 구성원이고, 시민이고, 우리가 품어야 할 사람들 아닌가."

악을 사랑으로 갚아주자는 말이었습니다. 저보다 훨씬 더 어른스러운 모습에 순간 겸허해졌습니다. 그리하여 이번에는 그냥 넘어가지만 두 번 다시 이런 일이 발생한다면 그때는 반드시 책임을 물을 것이라 대답을 해줬습니다. 그렇게 현장을 뛰었습니다.

그런데요, 저를 정말 슬프게 하고 의분이 끓게 만든 일들은 이러한 에피소드가 아닙니다. 저를 정말 가슴 아프게 했던 일들은 이따위 자잘한 일들이 아닙니다. 오히려 이런 것들은 얼마든지 참고 견딜 수 있었습니다. 제가 도저히 참을 수 없던 것들은 우리 내부의 문제였습니다. 한국당 캠프의 핵심 관계자로 있으면서 정당 투표는 정의당에 행사했다 하는 그들을 보면서, 태연하게 웃으면서 말하는 그들을 보면서 저는 참을 수 없는 분노를 느꼈습니다. 깊은 슬픔을 느꼈습니다. 도무지 가라앉을 것 같지 않는 탄식을 느꼈습니다. 이러한 사람들과 도대체 무얼 하려고 했던 것일까? 나의 고생이 의미 있는 실패가, 디딤돌이 될 발걸음이 된 것이 아니라 그냥 개고생이 됨을 느꼈고 길거리의 그 숱한 조롱 따위보다 더, 몇 배는 더 큰 모욕감으로 다가왔습니다.

부모뻘 되는 그들에게 이 감정을 쏟아 내지 않고는 도저히 견딜 수 없었습니다. 그래서 그냥 쏟아 내 버렸습니다.

"당신들에게 이 당은 무엇이냐?",

"도대체 당신들에게 이 나라와 이 민족은 무엇이냐?",

"당신들에게 동지의식이란, 적과 동지의 질서란 도대체 무엇이냐?",

"당신들 후보만 그냥 배지 달면 그만이고 이 나라는, 이 당은, 인간의 존엄성을 보장하는 보수적 가치들과 도덕적 가치는, 자유는, 그래도 아직 꾸역꾸역 살아가고 있는 이 불쌍한 자유시민들과 이 사회와 이 다음 세대들은 어떻게 되든 그냥 아무 상관이 없는가!"

"그렇게 살지 마세요, 정말 그렇게 살지 마십시오!"

저는 그냥 쏟아내 버렸습니다. 그렇게 선거가 지나가고, 저는 한두 달을 번아웃으로 지냈습니다. 그리고 제가 내린 결론은 이것입니다.

'이 세대와 함께 갈 수 없다.'

이 나라 이 민족의 오천 년은 부끄러운 역사입니다, 통한의 역사입니다. 걸핏하면 남자들은 볼모로 끌려가고 여자들은 노리개가 되었던. 그러나 대한민국의 오십 년은 기적의 역사입니다. 반만년 역사 중 처음으로 자립하고 부국강병했었던 감동과 환희의 역사입니다. 이승만의 길로 창조된, 건국된 대한민국은 김일성의 길을 추종했던, 추종하는 자들이 폄훼할 수도 없고! 폄훼해서도 안 될 그런 나라입니다. 하지만 우리는 이 나라를 잃어가고 있습니다. 대한민국의 찬란했던 빛은 점점 꺼져가고 있습니다. 이 찬란했던 대한민국의 2000년대를 이끌었던 우리의 전임 지도자 두 명은 모두 수의를 입었습니다. 한 분은 아직도 고통받고 계십니다. 누구를 탓할 것도 없습니다. 우리는 악의 만용을, 팽창을 방관한 그리고 동조한, 추악했던, 역겹던, 그리고 침묵한 비굴했던 대가를 치르고 있는 것뿐이기 때문입니다. 다음 총선이 이 나라의 마지막 자유 민주주의 선거가 될 수도 있다는 참담한 심정으로 당에 몇 가지를 제시합니다. 부디 새겨들어 주십시오.

(중략)

FB를 비롯한 넷 우익, 유튜브 스피커들에게 전합니다. 각자의 영역에서, 위치에서 활약하시는 모든 분들에게 먼저 존경과 감사의 인사를 전합니다. 그리고 당부의 말 드립니다. 여러분, 분열을 조장하지 마십시오, 경거망동하지 마십시오. 우리는 모두가 다릅니다, 허나 각기 다른 것이 유일한 평등인 것이고 각기 다르기에 우리는 조화가 되는 것입니다. 나만 옳다는 편협만 생각과 이분법적 분류, 유한한 경험에 의한 좁은 시야들을 버리십시오. 시장은 경제학 이론서처럼 돌아가지 않습니다. 필드는 책상의 공식대로 돌아가지 않습니다. 현장의 인과관계와 변화무쌍함은 내가 멀찍이 담장 밖에서 바라보는 대로가 아닙니다. 정당한 비판과 그에 따른 대안 제시는 우리 진영의 건강한 담론 형성에 유익하지만 본인 시야의 한계에 스스로가 갇혀버리면 그것은 공해가 될 뿐입니다. 좀 더 신중하셔야 합니다. 사실파악과 인과관계에 대한 인식 없는, 보수와 우익적 가치와는 너무나 동떨어진 가벼운 담론들이 너무도 판을 쳐서 오히려 우리의 앞길을 막아서고 있습니다. 우리들 서로는 차이점보다 공통점이 훨씬 많습니다. 서로의 허물은 덮어주고 진열을 재정비하여 그렇게 나아갑시다, 동지라 생각하고 감히 당부의 말을 드립니다.

마지막으로 당 지도부에 제안합니다. 이러한 대책을 바탕으로 우리가 나아가야 할 실질적 방향에 대해서 끝장 토론을 제안합니다. 당

공식 매체인 오른소리로 생중계를 하던, 비공개로 진행을 하던 다음 세대를 이끌어 갈 청년들과 지도부의 회동을 요청합니다. 컨펌해 주시면 제가 멤버를 꾸려 가겠습니다. 한국당에는 능력 있고, 인류를 이 찬란한 21세기로 인도했던 보수주의적 가치와 자유의 가치를 아는 숨은 진주와 같은 청년들이 많이 있다고 확신합니다. 이러한 한국당의 청년들과 대표님을 비롯한 지도부, 중진들과의 대책 협의를 요청합니다. 긍정적으로 검토해 주시면 감사하겠습니다.

이제 이 짧다면 짧고 길다면 긴 글을 맺으며 저는 성인이 된 이후부터 지금의 서른까지 십여 년을 깡통보수로 살아 왔습니다.(깡통이라 하는 이유는 깡통처럼 항상 걷어 차였거든요.) 갓 스물에 터진 광우병 파동 때 주변의 모든 한국인 형, 누나들은 미국산 소를 수입하면 한국인의 절반이 5년 내로 죽는다는 말 같지도 않은 '강풀'류 선동 작가들의 만화나 싸이월드에 올릴 때(강풀씨, 반성했습니까?) 혼자 MB의 어머니와 청계천 이런 것 올리고 있었습니다. 지금 생각해보니 좀 웃기긴 하네요. 미친놈 소리 들을 만했던 것 같습니다.

동기, 선배들에게 항상 꼴통 소리 들었고, 뒷담화는 일상에 사회적으로도 공격과 피해를 입고 금전적 손실은 항상 덤이었죠. 오래된 벗들도 잃어 보고 가족들의 외면도 겪어 봤습니다. 어머니는 항상 걱정하셨죠. FB같은 뉴 미디어 SNS를 시작한 뒤로는 좌익들에게 죽여 버리겠다는 메시지도 숱하게 받아 봤습니다. 그런데 저는 그런 것들은 두렵지 않았어요. 그런 것들은 아무리 서러워도 참고 견딜 수 있었습니다. 저는 마땅히 해야 할 것을 한다는 믿음이 있거든요. 정말,

SKT 2:02

← 검색

Yirum Baik
2019년 11월 3일

- 나의 당, 자유한국당을 향한 진언.

절체절명의 상황입니다. 나라가 사느냐 죽느냐 기로에 서 있습니다. 이러한 상황에서도 우리는 너무나도 무력합니다. 참담함을 금할 수가 없습니다. 비탄한 마음으로 펜을 듭니다.

작년 지방선거를 기억합니다.
특별&광역시장 8석중 한국당 1 : 민주당 7,
도지사 9석중 한국당 1 : 민주당 7,
서울시의회 100개 선거구중 한국당 3 : 민주당 97,
경기도의회 129개 선거구중 한국당 1 : 민주당 128.

지선 이후로 사실상 거의 모든 주요 지자체가 민주당 1당 독식 체제가 되었습니다. 국회에서는 한국당을 제외한 모든 정당이 사실상 민주당 2,3중대로 전락하여 패스트트랙 정국이 되었습니다. 그리고 이제 불과 몇 달 뒤면 2020. 총선을 앞두고 있습니다.

저는 작년 지방선거에서 죽마고우의 간곡한

2019년 11월 우연히 페이스북에서 접한 백이룸 중앙청년위원의 '나의 당, 자유한국당을 향한 진언'이란 제목의 글은 연락과 만남으로 이어졌고 대한민국 청년정치의 희망을 발견하는 계기가 되었다. 사진은 백이룸 씨가 2019년 11월 3일 페이스북에 올린 글과 사진.

제가 정말 두려운 것은 우리가 진정한 쇄신은 해보지도 못하고 구태를 반복해서 내부에서 스스로 붕괴되어 가는 것입니다. 그리고 그렇게 이 나라도 무너지겠다는 생각이 들면, 실로 그런 생각이 들 때마다 너무나도 두렵습니다. 그러한 생각들이 저를 너무도 슬프게 또 아프게 합니다.

군대에 있을 때 천안함 전몰과 연평도 포격이 있었습니다. 그리고 장렬히 산화한 그들의 영정 앞에서 저는 부끄럽게도 눈물을 흘리는 것 말고는 아무것도 할 수 있는 게 없었습니다. 지금 살아있어도 채 서른인 그들을 생각하면 아직도 항상 빚진 마음입니다. 그들의 희생으로 제2의 인생을 선물 받아 제가 이렇게 살아가고 있다고 생각합니다. 그리고 그들의 못다 핀 꽃을 살아 남은 우리가 피워야 할 마땅하고도 숭고한 의무가 있다고 믿습니다. 그리 생각하면 이러한 작은 고통들과 어려움들은 사실 아무것도 아니거든요.

끝없는 뒤척임에 결국 두 시쯤 책상에 앉아 쓰기 시작한 글이 어느덧 오전 여섯시를 훌쩍 지나고 있네요. 사실 저는 이러한 글을 쓸 자격이 없는 사람입니다. 저는 너무도 미약하고 불완전하며 하찮고 흠이 많은 사람이죠. 그렇지만 저는 꿈이 있습니다. 나의 할아버지가 지켰고, 반평생 남편 없이 할머니가 일궜던 내 나라, 나의 뿌리 대한민국. 그들이 그리하였던 것처럼 저도 나의 아이들에게 이 가슴 시리게 찬란한 대한민국을 물려 주고 싶습니다. 그리고 훗날 그들이 묻힌 곳, 저 양지바른 내 강산 그 곳에, 그들 옆에 묻히길 소망합니다. 그리고 마침내 역사의 주관자 앞에 섰을 때 '잘 왔다'는 말 한 마디 들고 싶습니다. 단지 그것 뿐입니다. 그것이면 족할 것 같습니다. 할머니가 여전히 너무 보고 싶거든요. 갈 길이 머네요, 어느덧 겨울입니다. 바람이 찬데 모두들 평안하세요. 우리는 반드시 승리할 것입니다. 어둠은 빛을 이길 수 없고! 차가웠던 지난 날의 달은 불현듯 지고, 그리고 그렇게 찬란했던 태양은 다시금 떠오를 것이기 때문입니다. 빛과 공의의 편에 서 있는 우리는 반드시 승리할 것입니다.

- 2019. 11. 03. 06:40 A.M. 자유한국당 중앙청년위원 백이룸.

만약 우리 당에 진정한 영웅이 있다면 백이룸 같은 청년과도 같은 모습이라는 생각이다. 2년이 지난 지금 그는 결혼을 했고 한 아이의 아버지로 맞벌이하는 아내 대신 육아휴직을 신청해 아이를 기르는 가장 보통의 대한민국 청년가장이기도 하다. 그 당시 한국사회 대중문화를 휩쓸었던 '82년생 김지영'조차 희생해야 했던 육아를 맡고 있는 청년가장 백이룸 씨. 그의 절절한 목소리가 담긴 글을 다시 책에 올리면서 대한민국 정치인으로서 지난 3년 동안 아무것도 하지 못했다는 참회와 뼈저린 반성의 자세로 다시 설 수밖에 없다. 백이룸 씨의 말대로 다가오는 2022년 대통령 선거와 동시지방선거에서 국민의힘이 이 모습 이대로라면 과연 우리 청년들, 우리 아이들이 살아갈 대한민국의 모습은 절망과 '헬조선'의 연속일 수밖에 없다.

제2장 우리 안의 숨은 영웅들을 되살리는 사람들

　2019년 제21대 총선을 앞둔 연말이 가까워지고 있던 즈음 당시 자유한국당 인재영입위원장으로서 가장 먼저 만나고 싶었던 청년이 있었다. 바로 87년생 세 아이의 아버지 전준영 천안함생존자예비역전우회장이었다. 그러나 그는 연락을 받지 않았다. 나를 대신해 사람을 보냈고 11월말 연평도 포격 9주기 기념식에서 전준영 회장을 만났다는 연락이 왔다. 인재영입 제안에 대한 그의 답변은 "저는 평생을 천안함 전우들의 명예를 회복시키고 그들의 유업을 계승하고 싶습니다. 정치에 입문하면 제가 그 일을 하는데 도움이 되겠습니까?"라는 되물음이었다.

　고민과 숙의 끝에 오늘 이념 대립으로 몸살을 앓고 있는 한국 정치현실에서 전준영 회장의 정치 입문은 오히려 새로운 갈등으로 부담만 안겨줄 수도 있다는 결론을 내렸다. 대신 지금까지 외롭게 편견과 음해에 맞서온 천안함 46용사와 한주호 준위, 그리고 아직도 고통 받고 있는 생존 전우들을 위해 무엇을 할 수 있을지를 고민했다. 전준영 회장은 천안함 전우들 뿐만 아니라 제1,2연평해전, 연평도 포격, K-9자주포 폭발과 목함지뢰 등으로 고통 받는 청년 유공자들의 명예를 회복하거나 그들을 돕는 일에도 솔선하고 있었다.

고민 끝에 내린 답은 "대한민국을 위해 희생하고 헌신한 그들의 명예회복과 예우를 바꾸기 위해 국회에서 할 일을 하자"였고 전준영 천안함생존자예비역전우회장을 만나 국회세미나부터 시작하자고 제안했다. 그렇게 해서 총선을 불과 2개월여 앞둔 2월 12일 선거 분위기로 모두 지역구로 내려가 텅빈 국회의원회관에서 '국군권익과 보훈 혁신 국회 컨퍼런스'를 시작으로 천안함을 비롯한 대한민국의 숨은 영웅들을 찾고 그들의 명예를 회복하는 동시에 그들에게 정당한 예우와 보상을 해주자는 일을 본격적으로 시작했다.

천안함생존자 전준영 회장, 그리고 우리 곁의 숨은 영웅들

천안함생존자예비역전우회에서 주관하고 김선동 의원과 공동으로 주최한 '국군의 권익과 보훈, 혁신 방향과 과제' 국회세미나는 21대 국회에서도 개원과 동시에 호국보훈의 달이던 6월 19일 천안함생존자예비역전우회 주최, 윤창현 의원과 공동주관으로 '보훈부 승격과 유공자 및 공사상자 처우개선 정책과제'라는 주제 아래 한국전쟁 70주년 국회 정책세미나로 이어갔다.

11월 11일에는 대한신경정신의학회와 천안함생존자예비역전우회 공동주관, 윤창현 의원과 공동주최로 '국가유공자 지정과 PTSD(외상후스트레스장애) 개선 정책과제'라는 주제의 보훈정책 혁신 국회세미나를 이어갔다.

전준영 천안함생존자예비역전우회장과의 만남은 90년대 초 대통령비서실 근무 당시 보훈비서관 신설로 시작되어 공직생활과 의정활동 동안 나름 국가보훈정책에 관심을 쏟아왔다고 자부했던 내게 그간 너무 부족하기만 했다는 반성과 참회의 계기가 되었다. 2020년 2월 첫 국회세미나에서 전준영 천안함생존자예비역전우회장의 개회사는 늘 내게 우리 안의 숨은 영웅들을 찾아서 되살려야 한다는 신념을 늘 새로이 일깨워주는 목소리로 귓전을 울리곤 한다.

사실 저희 천안함 전사자, 유족 여러분, 예비역 생존자, 현역 근무자 모두에게 당당히 저희 목소리를 낼 수 있는 자리는 공식적으로 오늘이 처음인 것 같습니다. 지난 십년 저희 모두는 '부모 없는 자식', '나라 없는 국민'이나 마찬가지의 차가운 대접을 받아왔습니다. 때로는 저항하고 때로는 뜨거운 눈물을 삼키며 자청해 언론을 찾아 항변하고, 거리로 나서야 했습니다.

그러나 이제 슬픔의 눈물도 분노의 눈물도 더는 흘리지 않겠습니다. 이제 우리 천안함생존자예비역전우회는 천안함 전사자, 생존자 전우와 유족 여러분 모두의 권익을 향해 당당하게 나서겠습니다. 나아가 우리 후배 장병인 연평도 포격, 목함지뢰 등으로 전사하거나 헌신한 청년들의 권익을 위하겠습니다. 또한 연평해전 선배 여러분의 죽음과 상처로부터 6.25전쟁 참전 선배님에 이르기까지 오늘 우리 대한민국에 피와 뼈를 바친 모든 선배님들의 죽음과 상처가 자부와 긍지의 별로 빛나는 그날까지 당당하고 의로운 행진을 해나가겠습니다.

올해는 천안함 10주기일 뿐만 아니라 한국전쟁 70주년입니다. 우리 청년에게 남한과 북한은 더 이상 없습니다. 오직 우리 국민의 안위, 우리 청년장병의 생명을 위협하는 주적 조선인민민주주의공화국이 있고 우리 청년이 앞장서 목숨과 피땀으로 지켜내야 할 자유민주 대한민국이 있을 뿐입니다.

지난 10년 설움과 분노의 눈물을 돌아봅니다. 말년 휴가 사흘 전 천안함 폭침을 당했고 천안함 전사자 영전에 오열한 다음 날 전역했습니다. 텔레비전에서 눈물 흘리는 저를 보고 찾아온 한 여인을 만났고, 그녀의 사랑 속에서 불면과 울분의 피눈물을 치유하며 세 아이를 낳아 기르며 살고 있습니다. 하지만 해마다 3월이 오면, 3월 26일 그 날이 오면 어김없이 다가오는 악몽과 전사한 전우의 혼백 앞에 뜨거운 참회와 사죄의 눈물을 흘리는 꿈에서 식은 땀을 흘리며 깨어나야 했습니다. 하지만 지난 십년 냉대와 차가운 시선 속에서도 따뜻이 보듬어 주시는 고마운 분들을 만날 수 있었고 이제 설움과 분

2019년 당시 자유한국당 인재영입위원장으로서 7월경부터 전준영 천안함예비역생존자 전우회장에게 여러 번 연락을 했으나 만날 수 없었다. 2019년 12월 17일 아산시외터미널 근처에서 해장국을 앞에 놓고 마주한 전준영 회장의 소박하고도 진솔한 포부를 경청하면서 우리 보훈정책을 혁신해보자는 약속을 했고 그 약속은 2020년 세 차례의 보훈정책 혁신 국회세미나로 이어졌다.

노의 눈물을 이제 자부와 긍지의 눈물로 바꾸어야겠다고 결심했고 비로소 천안함 10주기를 향해 오늘 이 자리에 서게 되었습니다.

제게는 한 언론에 "진보는 우리를 외면했고 보수는 우리를 이용하려 했다"고 울분으로 항변한 기억이 생생합니다. 지난 10년 진보 성향의 아버님은 한겨레와 경향신문을 스크랩하시며 제 생존과 투쟁을 기록해주셨고, 보수 성향의 어머님은 조선일보와 동아일보, 중앙일보를 스크랩하시면서 저와 제 가족의 삶을 보듬어 주셨습니다. 저는 나라가 국민에게 부모님이어야 한다는 믿음입니다. 우리나라를 이끄는 정치인 분들과 언론이 국민의 눈물을 닦아주셔야 할 어르신들이라는 소신입니다.

이제 나라와 정치, 언론에 목청껏 당당히 청원 올리고자 합니다. 진정한 보수는 우리가 꼭 지켜야 할 것을 지키게 해주십시오. 참된 진보는 우리가 반드시 바꿔야 할 것을 개혁하게 해주십시오.

우리가 목숨으로 지켜야 할 것은 자유, 민주, 그리고 대한민국이라는 믿음입니다. 우리가 단호하게 바꿔야 할 것은 부조리와 비리, 불공정한 국민 권익 현실과 불합리한 보훈제도라는 소신입니다. 부디 우리 청년이 살아갈 대한민국, 우리 초롱한 아이들이 뛰놀 대한민국을 먼저 생각해주십시오.

아울러 다짐합니다. 진정한 보수가 아닌 거짓 보수, 참된 진보가 아닌 사이비 진보와는 결연히 맞서 대한민국을 지킬 것을 선언합니다. 그들이 위선과 가식으로 지키고자 하는 자신들의 기득권과 야욕을 분연히 심판할 것을 분명하게 선포합니다.

오늘은 우리 청년이 중심이 되어 이명수, 김선동, 두 분 국회의원님, 또 진정으로 나라를 생각하고 행동하시는 정치인 여러분들과 함께 나아가는 결연한 출정의 자리입니다.

거듭 두 분 국회의원님과 오늘 소중한 시간을 내어 주제발표를 해주시는 모든 분들께 감사의 큰 절로 모시는 말씀에 대신합니다. 끝으로 오늘 이 자리를 마련하는데 숨은 노력을 해주신 한 분께서 제게 주신 시 한 구절로 감사와 다짐의 결기를 강건하게 세우고자 합니다.

물론 나는 알고 있다. 오직 운이 좋았던 덕택에 나는 그 많은 친구들보다 오래 살아 남았다. 그러나 지난 밤 꿈 속에서 이 친구들이 나에 대하여 이야기하는 소리를 들었다.
"강한 자는 살아남는다."
그러자 나는 자신이 미워졌다.

– 베르톨트 브레히트, '살아남은 자의 슬픔.'

하지만 이제 슬퍼하지 않겠습니다. 미워하지도 않겠습니다. 오직 앞으로 힘차게 나아가겠습니다. 전사한 전우들의 공훈과 명예가 더 값지게 빛나도록, 유족 여러분의 슬픔이 자부와 긍지로 환해지도록, 현역 생존자 전우 분들과 우리 예비역 생존자 전우들이 더 이상 아프지 않고 대한민국의 자랑스러운 아들로 땀 흘려 일하며 행복할 수 있도록 열정과 땀을 바치겠습니다.

- 전준영 천안함생존자예비역전우회장, '국군의 권익과 보훈,
혁신 방향과 과제' 국회세미나 개회사, 2019년 2월 12일.

전준영 천안함생존자예비역전우회장과의 만남을 계기로 시작된 국회세미나에서 정부에서조차 외면하고 있는 숨은 청년 영웅들을 위해 음지에서 헌신하고 봉사하는 많은 분들을 만날 수 있었다. 그들은 묵묵히 우리 안에 숨은 영웅들을 찾아 되살리는 소중하고도 위대한 일을 하고 있었다.

현효제 사진작가와 염현철 영상작가, 그리고 자원봉사자 청년들

　우리 청년들 중에는 우리에게조차 잊혀가는 한국전쟁의 영웅들로부터 오늘 우리 곁에서 희생한 청년장병들에 이르기까지 그들의 모습을 기록하여 기억하게 해주고 더 많은 사람들이 그들을 기억하고 기릴 수 있도록 묵묵히 봉사하는 청년 작가들이 있다. 1979년생인 '군인 찍는 사진작가' 현효제 씨와 1987년생 영상작가 염현철 씨가 바로 그들이다.

　2019년 12월 17일 전준영 천안함생존자예비역전우회장을 처음 만나던 날 세계 각국의 UN 한국전쟁 참전용사들의 모습에서부터 천안함생존자들의 모습에 이르기까지 우리에게 자유수호와 호국보훈의 전신을 일깨우는 사진으로 만든 달력을 선물 받았다. 현효제 사진작가 작품과의 첫 만남이었고 실제 만남은 2020년 2월 12일 '국군의 권익과 보훈, 혁신 방향과 과제' 국회세미나에서였다.

　국회세미나는 사전행사로 현효제 작가의 한국전쟁 영웅들을 비롯한 기록 사진전으로 시작했다. UN 한국전쟁 참전용사 분들과 백선엽 장군님을 비롯한 참전용사 분들, 그리고 천안함생존자의 모습과 피격 당시 멎은 시계 등을 기록한 사진전도 함께 기획했다. '군인 찍는 사진작가'란 별명으로도 불리는 현효제 작가는 미국, 영국 등 전세계 22개국을 찾아다니면서 한국전 참전용사들의 생전 모습을 담아왔고 그 작품들을 헌정해왔다. 지금까지 자신이 미국과 영국 현지를 직접 찾아다니며 찍은 한국전쟁 영웅들은 모두 1,400여명에 이르고, UN 참전용사들이 살고 있는 미국, 영국 등 세계 각지 약 200여명의 한국전쟁 영웅들에게 헌정해왔다 한다. 현효제 작가의 전시 작품들은 국회세미나 사전 전시가 끝난 후 영상 속 주인공들에게 우편으로 발송해 전달하기도 했다. 현효제 작가는 무료로 사진 작품을 제공해 주었고, 인화비와 액자제작 비용은 천안함생존자예비역전우회에서 부담했다.

현효제 작가는 2020년 2월 12일 국회세미나 사전행사 '국군문화 사진전시회'에 '한국전쟁 영웅' 백선엽 장군님을 비롯한 UN 참전용사, 그리고 천안함 최원일 함장 사진 등을 무료로 제공해주면서 인연을 맺었다.

2021년 12월 현재 현효제 작가는 미국의 한국전쟁 참전용사들을 영상으로 기록하고 헌정하는 'Hedy & Rami 프로젝트 솔져'를 위해 미국 뉴욕부터 아틀랜다까지 20일 일정의 여정을 떠나 있고 염현철 영상작가도 동행하고 있다. 두 작가는 사진과 영상 촬영 뿐만 아니라 천안함 관련 달력, 책, 모자, 티셔츠 등 기념품들을 전달할 계획이다. 사진은 현효제 작가 페이스북 제공.

    2020년 2월 12일 '국군의 권익과 보훈, 혁신 방향과 과제' 국회세미나 현장 객석에는 처음부터 끝까지 영상촬영을 하는 청년이 있었다. 세미나 동영상은 유튜브를 통해 전해졌고 많은 사람들에게 우리 보훈정책의 현주소와 혁신의 필요성을 널리 알려 주었다. 바로 염현철 영상작가다. 그는 국방부 직할 국방홍보원에서 부당해고를 당한 후 생활고의 어려움 속에서도 2018년 이후 3년째 자원봉사로 천안함을 비롯한 호국보훈 용사들의 모습과 행사를 영상에 담아오고 있다. 현효제 작가가 자원하여 기획한 한국전쟁 참전용사 촬영 프로젝트(프로젝트 솔저 : 한국전쟁 참전용사를 찾아서) 동영상 촬영 작가로 참여하기도 했다.

　유튜브에는 염현철 영상작가의 작품 다큐멘터리 분야 불독 국제영화제 수상작 '살아남은 자의 눈물(Tears of the survivor)'이 올라 있고, 자식을 나라에 바친 국가유공자 유족과 부모님들을 찾아가는 우리의 기행 시리즈 '자랑스런 어머님들을 만나다'를 비롯 연평도 포격, 천안함생존자 영상기록 등을 비롯한 염현철 작가의 단편 작품들도 만날 수 있다. 2019년 2월 국회 세미나 동영상 '국회에 울려 퍼진 천안함 생존장병들의 목소리(첫번째 국회 컨퍼런스)'를 비롯 이후 두 번의 국회정책 세미나 영상도 모두 염현철 영상작가의 자원봉사로 유튜브에 올라 있다. 염현철 작가는 기초생활 수급자로 40여만원의 보조금과 틈틈이 아르바이트로 생계를 꾸리면서도 천안함생존자들을 비롯한 호국 용사들의 모습을 영상에 담아 우리에게 전하고 있다.

　2021년 12월 현재 현효제 작가는 미국의 한국전쟁 참전용사들을 영상으로 기록하고 헌정하는 'Hedy & Rami 프로젝트 솔져'를 위해 미국 뉴욕부터 애틀란타까지 20일 일정의 여정을 떠나 있고 염현철 영상작가도 동행하고 있다. 두 작가는 사진과 영상 촬영 뿐만 아니라 천안함 관련 달력, 책, 모자, 티셔츠 등 기념품들을 전달할 계획이다.

　천안함 관련 국회 세미나와 북콘서트를 비롯한 각종 행사에는 생존자 전우들을 비롯한 여러 자원봉사자들의 헌신적인 모습들을 만날 수 있다. 1991년 생 여성 여이레 씨가 대표적인 자원봉사자 청년이다. 경희대학교와 캐나다 Sprottshaw College에서 수학한 여이레 씨는 매일신문 산업부 기자로 일하면서 천안함 관련 행사를 비롯한 청년 유공자들을 기리는 행사 뒤편에서 묵묵히 자원봉사에 땀 흘리는 그녀를 만날 수 있다.

나는 청년세대의 국가관이나 가치관을 우려하는 목소리를 들을 때마다 이들 청년의 숨은 헌신을 떠올리면서 희망과 힘을 얻곤 한다. 우리 안에 잊혀져 가는 숨은 호국 유공자들, 때론 외면과 소외 속에서 분노해야 하는 그들 곁에는 항상 따뜻이 손잡아주고 힘을 모아주는 청년 자원봉사자들이 있다. 그들이 바로 우리 안의 영웅을 만드는 사람들이다.

보훈민원 자원봉사 안종민 사무총장과 백현민 간사

2020년 6월 두 번째 보훈정책 혁신 국회세미나에서 '유공자 및 공사상자 처우 개선과 정책과제' 주제발표 후 토론에 임하고 있는 안종민 사무총장(오른쪽)과 백현민 간사(왼쪽).

2020년 천안함생존자예비역전우회 주최 국회 첫 세미나부터 세 번째 국회세미나까지 천안함 생존자들의 부당한 처우 이면에 가려진 우리 보훈정책의 부실한 현주소를 명확히 진단하고 확실한 개선방향을 제시한 예비역 대위 출신의 청년이 있었다. 본인이 훈련중 부상을 당해 국가유공자이기도 한 안종민 천안함전우회 사무총장이 바로 그다.

안종민 사무총장은 1975년생으로 자신이 국가유공자 지정을 받기까지 당해야 했던 수모와 부당한 처우를 경험 삼아 많은 청년장병들에게 자원봉사로 상담을 해왔고, 2006년 두 차례에 걸친 무릎 부상 후유증과 이명난청 악화가 반영되지 않는 국가유공자 추가상이처 신청에 어려움을 겪고 있기도 하다.

안종민 사무총장이 천안함 국회세미나에서 보여준 우리나라 보훈정책과 제도 실태에 관한 문제점 진단과 개선방안은 곧바로 국회 입법을 비롯한 법제도 개선과 보훈정책 현장의 개선에 반영해야 할 사안들이었다.

2020년 2월 '국군의 권익과 보훈, 혁신 방향과 과제' 국회세미나에서 안종민 사무총장은 '천안함 생존자 사례를 중심으로 한 보훈정책의 문제점과 혁신 과제' 주제발표를 했고, 같은 해 6월 '보훈부 승격과 유공자 및 공사상자 처우개선 정책과제' 국회세미나에서는 '유공자 및 공사상자 처우 개선과 정책과제' 주제발표로 우리 보훈정책의 부실한 현주소를 조목조목 짚어가면서 개선방향과 대안을 제시해주었다.

먼저 2020년 2월 '국군의 권익과 보훈, 혁신 방향과 과제' 국회세미나 안종민 사무총장주제발표 '천안함 생존자 사례를 중심으로 한 보훈정책의 문제점과 혁신 과제'의 주제발표 내용을 요약해보면 우리 보훈정책이 아직도 국가보훈처와 국방부 중심에서 벗어나지 못하고 있다는 점과 하루빨리 수혜자, 즉 국가유공 대상자와 보훈 대상자 중심으로 전환해야 함을 절실히 인식할 수 있게 된다.

안종민 사무총장은 두 차례에 걸쳐 구체적인 통계와 미국, 캐나다, 호주 등 선진 보훈제도를 비교검토해 우리 보훈제도의 개선방향을 제시했다.

무엇보다 중요한 개선과제는 전상자 심사체계부터 본인입증

체계에서 국가입증체계로 전면 전환해야 한다는 점이다. 미국, 캐나다, 호주, 일본 등 주요 선진국과 대한민국 국가유공자 신청과정을 비교해보면 우리의 '개인신청에 대한 방법론'과 달리 '단일접근 메커니즘'과 '통합 지원센터' 등의 방법론으로 주요 입증과정이 통합적으로 추적 관리됨과 동시에 주요 입증 사안이 개인이 아닌 국가의 지원에 의해 신속하고 정확하게 처리되고 있다는 점을 확인할 수 있다.

군인의 경우 법령이 개정되어 군 전역 6개월 전에 가능해졌기 때문에 보훈처와 국방부의 시스템을 개편하고 국가유공자법에 나와 있듯이 보훈처에서 독립유공자처럼 확대 적용하여 그 동안 신청하지 못했던 희생자들에 대한 신청이 재입증되는 동시에 공정하고 정확하게 유공 지정이 될 수 있도록 해야 한다.

현재 우리의 개인입증 체계는 미국, 캐나다, 호주처럼 '보훈담당자'를 지정하여 '단일 메커니즘화'시켜 '개인-국방부(의무사령부)-보훈처의 단일서버'로 부상자 및 의병제대, 소방관, 경찰 등을 원스톱으로 통합관리하는 시스템을 구축, "국가에서 반박의 여지를 증명하지 못하면" 인정해주는 국가입증제도로 바꿔야 한다.

나아가 국군 유공자 뿐만 아니라 경찰, 소방관. 사회적 의인에 이르기까지 직권등록제와 국가입증 방식으로 개선되어야 한다는 점을 잊지 말아야 한다.

아울러 국가유공자나 보훈 대상자가 지정과정을 확실히 인지할 수 있도록 사전안내 및 사후안내 시스템을 구축해 국군장병의 경우 입대시 교육, 군생활 중 최소 6개월에 1회씩 국가유공자에 대한 안내와 교육을 실시하고, 전역 후 국가유공자와 상이자들을 관리하는 전담 부서를 신설, 국가유공자에 대해서는 국가가 끝까지 책임진다는 인식을 국민에게 심어 주어야 한다. 또한 국가유공자 보상금과 국방부 상이연금 수령법령을 수혜자 중심으로 개정하고 수시로 안내해줘야 한다.

현재 보훈심사위원회의 개선도 절실하다. 직무이해도가 높은 20년 이상의 군인, 경찰, 소방관 출신의 직무이해와 전문성을 가춘 인사들을 보훈심사위원으로 임명하고, 나아가 국민권익위원회와도 같이 현장조사관을 신설하여 현장 조사를 실시하도록 해야 한다.

특히 현재 우리나라의 경우 전문가가 극히 부족하고 시설과 제도도 미흡한 외상후스트레스장애와도 같은 전문성이 필요한 상이증상에 관한 연구 및 치료시설을 확충하고 전국에 6개소밖에 없는 보훈병원 치료 이외에도 가까운 곳에서 진료를 받을 수 있도록 위탁병원을 늘려 시간과 거리에 구애받지 않고 치료할 수- 있는 시스템을 만들어야 한다.

이와 같은 개선이 이루어진다면 생존자 58명을 전원 국가유공자로 지정하고, 전원 국가에서 취업 및 의료 지원을 받을 수 있을 정도로 바뀔 수 있다.

백현민 씨는 1992년생으로 안종민 사무총장과 함께 천안함

전우회에서 자원봉사하면서 상이 청년장병들의 자문을 해주고 있다. 백현민 씨 자신이 군생활 중 막사지붕 제설작업을 하다가 떨어져 손목을 크게 다쳤는데 시간이 갈수록 통증이 전신으로 퍼져 전신 근육에서 고통을 느끼는 근육섬유통을 앓고 있다. 통증이 심해 약을 먹지 않고서는 일상생활이 불가능해서 매일 약을 먹어야 하고 부작용으로 기억력이 감퇴되고 집중력이 떨어질 때도 많아 운전하기조차 힘들고 일반 직업을 갖기도 힘든 상황이다.

제대한지 7년이 지났지만 통증이 나아질 가능성은 크지 않은 상황에서도 백현민 씨는 비슷한 어려움을 겪고 있는 청년장병들에게 자신의 경험과 그간 연구해온 경험을 바탕으로 무료 자문에 열심이다.

안종민 사무총장 백현민 간사는 현재 천안함전우회에서 자원봉사활동으로 법제도가 미비한 우리 보훈현실에서 숨은 봉사로 청년 영웅들의 뒷바라지에 헌신하며 영웅을 만드는 숨은 주역들이다.

PTSD의 심각성을 일깨운 백종우 교수와 김승섭 교수

6월 국회세미나를 준비하면서 만난 백종우 교수(경희대 의과대, 대한신경정신의학회 법제이사)는 정신의학과 전문의이자 PTSD(외상후스트레스장애) 전문가로서 세미나 당시에는 중앙자살예방센터장과 대한신경정신의학회 법제이사로 봉사하고 있었고, 지난 15년 동안 국군장병의 정신과 상담 자원봉사를 비롯한 소방관, 경찰, 사회적 의인의 외상후스트레스장애를 비롯한 정신질환에도 깊은 관심과 참여로 헌신하고 있는 숨은 천사와도 같은 분이다.

백종우 교수는 6월 국회세미나에서 '유공 지정 외상후스트레스증후군 전문성과 문제점' 주제발표를 해주셨고 11월 국회세미나에서는 한걸음 나아가 '국가유공자 외상후스트레스장애(PTSD) 제도개선과 동료상담활성화'에 관해 주제발표를 해주었다.

백종우 교수는 6월 국회세미나에서 '유공 지정 외상후스트레스증후군 전문성과 문제점' 주제발표, 11월 국회세미나에서는 한걸음 나아가 '국가유공자 외상후스트레스장애(PTSD) 제도개선과 동료상담활성화' 주제발표로 외상후스트레스장애(PTSD)에 무관심한 우리 보훈정책의 현주소를 지적하면서 이를 극복할 정책대안을 제시해주었다.

우리 선진 각국에 비하면 우리 국가유공자 심사와 관리 현황

지난 2020년 11월 11일 세 번째 보훈정책혁신 국회세미나에서 '국가유공자 외상후 스트레스 장애(PTSD) 제도 개선과 동료상담활성화' 주제 발표를 하고 있는 백종우 교수(사진 심상협).

은 거의 불모지나 다름없는 실정이었다. 대표적인 사례가 외상후스트레스장애로 극심한 우울증과 자살충동에 이르기까지 심각한 상황에 처한 천안함 생존자들의 경우 국가유공자 지정심사에서조차 신청을 포기할 정도로 인식과 전문성이 부족한 실정이다.

  백종우 교수는 6월 국회세미나 '유공 지정 외상후스트레스증후군 전문성과 문제점' 주제발표에서 외상후스트레스장애(PTSD)의 전문성 확보를 우선적 과제로 미국을 비롯한 선진사례를 통해 우리 보훈제도가 나아가야 할 방향을 명확히 제시해 주었다.

  미국의 경우 1989년 베트남전 참전 군인들을 위해 보훈부

산하에 국립외상후스트레스장애센터(National center for PTSD)를 설립하고, 참전 군인들의 외상후스트레스장애에 대한 진단, 치료, 교육 등 종합 서비스를 하고 있다. 뿐만 아니라 '사전예방-현장관리-사후관리-다시 사전관리'의 선순환 시스템을 확립하고 있으며, 이에 따라 2005년 이후 보훈부는 정신보건서비스 전달체계를 개선하려는 노력을 꾸준히 확대했고, 그 결과 정신보건 서비스 전담 인력은 당시 6천여 명에서 2만여 명으로 증가했을 정도다.

특히 미국 보훈부의 '찾아가는 정신건강 서비스'는 먼 보훈병원을 찾아서 최악의 경우 몇 개월씩 기다려야 하는 우리의 진료 서비스와 비교할 때 분명한 개선방향을 제시해준다. 미국의 제대군인정신건강 회복 프로그램(VA Recovery Services in Mental Health)이 핵심인데, 지역 정신건강회복 코디네이터(Local Mental Health Recovery Coordinator, LRC)를 중심으로 동료의 성공적인 사회적응 사례 소개를 통한 동료상담(Peer Counseling)을 통해 동료 및 선배 제대군인들로부터 사회적 지지와 상담을 제공 받도록 배려하고 있다. 또한 재활 및 회복센터(Rehabilitation and Recovery Center, PRRC0를 운영하며 사회적 기술훈련도 병행하고 있다.

미국의 외상후스트레스장애 관련 보훈제도와 체계 변화는 우리가 모델로 삼아야 할 방향성을 제시해준다. 1988년 레이건 대통령 당시 제대군인처를 보훈부로 격상하여 확대 개편했고,

1989년 전국 단위의 외상후스트레스장애 보훈센터(VA National Center for Posttraumatic Stress Disorder; NCPTSD)를 설립, 운영하기 시작했으며, 전문인력 확보와 함께 특히 외상후스트레스장애 관련 서비스 확대를 가장 중심적인 정책으로 위상을 정립해왔다.

우리의 경우 한국전쟁과 베트남전 참전용사들, 그리고 늘 준전시상황에서 연평해전과 천안함 피격, 연평도 포격과도 같은 전투와 작전상황에서 수없이 발생하는 외상후스트레스장애에도 불구하고 제도의 혁신도 시설과 전문인력의 확충도 없는 실태를 감안하면 그동안 국가를 위해 헌신하고도 방치되거나 외면당해야 했던 외상후스트레스장애 용사들의 고통과 소외는 하루빨리 개선해야 할 절실한 과제가 아닐 수 없다.

백종우 교수는 특히 우리가 주목해야 할 미국의 외상후스트레스장애의 등급이 국가유공자나 보훈 대상자 우선의 심사 및 판정 기준을 가지고 있다는 점도 확인해주었다. 미국의 외상후스트레스장애 등급 기준은 장애율 100%의 경우 심각한 직업과 사회적 선상, 지속적 환청, 위험성, 일상생활의 중대한 곤란 등으로 규정하고 있고, 장애율 10%의 경우 심각한 스트레스 상황에서 일시적이고 경도의 증상이 있고 약물치료로 조절이 잘 되는 경우로 규정하고 있다. 주목할 것은 만약 외상후스트레스장애가 군 조기전역이 필요한 수준의 사건에서 발생하면 보훈처는 50% 이상의 장애 등급을 부여해야 하며, 퇴역 후 6개월 이내에 다시 평가를 실시하여 등급변경 결정을 하도록 규정하여 치료가능성과 악화가능성에 따른 재평가-대평가 제도를 시행하고 있다.

반면 한국의 상이등급의 심사 및 판정의 경우 미국의 기준에 비해 세부 규정이 불투명할 뿐 아니라 심각하지 않은 질환으로 여기지 않을 정도로 취약하다는 판단이 들게 한다. 또한 외상후스트레스장애 전문 의료진이 부족한 보훈병원 근무 치료진이 평가까지 담당하는 문제점도 심각하다.

백종우 교수는 카톨릭의대 구정완 교수의 보고서를 인용하여 2012년부터 2014년 사이 외상후스트레스장애 관련 상이등급이 검토된 7건의 경우 5건은 가장 낮은 7급, 2건은 등급 기준 미달로 판정한 사례를 예로 들며 7급으로 판정된 5명 중 GAF 점수를 검토해보면 각각 35점(장해율 20%), 45점(장해율 15%), 55점(장해율 10%)인 것으로 미국의 기준에 비해 매우 낮고 심각하지 않은 상황으로 여겨지는 상황의 문제점을 지적하였다.(이명, PTSD, CRPS의 신체검사 및 상이등급 심사의 적정방안 연구(가톨릭대학교산학협력단))에서 인용)

또한 전상이나 공상 판정 이후 신체검사 등급 판정 때까지 진료비는 보훈병원을 제외한 다른 병원에서 위탁 진료시 지원이 없다는 문제점도 지적했다. 이에 비해 미국의 경우는 처음엔 보훈병원 임상의가 진행하다가 2005년부터는 'QTC management'라는 외부기관에 발주하도록 하여 객관성과 공정성을 확보하도록 하고 있으며 표준화된 'VA 장애등급표' 기준을 적용하여 장애판정을 하고 있다.

우리나라의 경우 외상후스트레스장애 치료와 보상에 있어서도 법령에 근거가 아예 없으며, 국가보훈처 내부 기준만으로 운영되고 있다는 점을 지적할 수 있다. 의료지원 대상 중증질환 239개 항목에는 F20 조현병 관련 질환만 포함되어 있을 뿐 외상후스트레스장애는 제외되어 있다는 심각한 문제점도 지적했다. 또한 전문인력도 크게 부족한데다가 보훈병원 산하 5개 병원 중 정신과 입원병동은 서울에만 있다는 점에서 민간병원과 긴밀한 협조체계가 부족하고 접근성이 낮다는 문제점도 있었다.

백종우 교수는 우리 군에서도 군정신건강센터가 설립되고 국방치유센터가 기획단계에 있으나 전문성에 기반한 콘트롤타워와 연구기관이 부재하며, 미국의 경우처럼 보훈 서비스와 연계해서 찾아가는 정신건강 체계와 서비스는 요원한 실정이라는 점에서 재난 분야의 정책적 관심과 동반한 군 정신건강 및 외상후스트레스장애에 대한 정책의 빠른 시행을 강조했다.

11월 국회세미나에서 백종우 교수는 '국가유공자 외상후스트레스장애(PTSD) 제도개선과 동료상담활성화'를 주제로 실질적이고도 구체적인 개선방안을 제시했다. 특히 '동료상담활성화'는 이미 미국과도 같은 선진 제도에서 상이군인과 국가유공자가 자신의 체험과 치유과정을 바탕으로 동료들을 치료하며 취업으로 연계된다는 점에서 우리가 시급히 도입하여야 할 제도라는 깨우침을 주었다.

실제로 외상후스트레스장애에 대한 인식과 치유가 낙후된 우리 현실에서는 초보적이고 자발적인 형태로 전준영 회장의 경우와 같이 동료 생존자들을 보살피고 치유해주는 사례가 모델이 될 수 있다.

백종우 교수가 제시하는 동료상담치료 방안은 치료자와 우리 사회가 외상 극복을 위한 '안전한 항구(a safe and available safe harbor)' 역할을 해주는 동시에 동료상담자 스스로 자기 위로와 자기 치유 능력을 회복하기 전까지 치료자와 우리 사회가 '심리적으로 든든하게 잡아주며(psychological holding)' 공감과 안정으로 보살필 수 있도록 제도화하는 방안이다. 이미 장애인 동료상담제도는 취업과도 연계하여 시행되고 있다는 점에서 국가유공자들의 외상후스트레스장애 치유에도 시급히 도입해야 한다는 점을 확인시켜 주었다.

백종우 교수는 세미나에 발표한 소신을 언론 기고로 지상을 통해 널리 알려 주시기도 했다.

전준영 천안함생존자예비역전우회장이 '살아남은 자의 눈물'이라는 책을 냈다. 그와 생존자들을 6월 국회토론회에서 만났다. 10년 전 일이었지만 눈앞에서 동료를 잃은 고통, 현재 몸에 남은 통증은 그들에겐 지금도 오늘이다. 나라를 지키던 군인 46명이 산화한 후 때로 패잔병이라는 모욕도 감수하며 죄책감에 신음했던 생존자들에게 이후의 현실은 더 참혹했다.

전사자가 국가유공자에서 빠져 있고 외상후스트레스장애(PTSD)의 고통은 눈에 보이지 않는다는 이유로 생존자들은 보훈대상으로 제대로 인정받지 못했다. 책 곳곳에 담긴 이들의 슬픔과 분노를 보면 과연 우리 사회가 한국전쟁 이후 목함지뢰까지 대한민국을 지키던 청년들의 죽음과 상처를 어떻게 대했는지 부끄러움 없이는 읽을 수 없다.

전쟁이 남긴 상처는 심각하다. 2009년 미국 랜드연구소가 낸 보고서를 보면 파병 장병 160만명 가운데 30만명이 외상후스트레스장애로 고통 받았다. 외상후스트레스장애는 자살 위험이 일반인의 8.5배나 되고 조기에 제대로 치료하지 못하면 절반 이상이 만성화된다. 그런데도 알코올 중독, 폭력, 이혼 등 사회부적응으로 흔히 오해받곤 한다.

전쟁에서 부상이나 외상 후 스트레스장애가 생긴 참전군인은 미국 전역 14개 군병원에 설치된 군전환시설에서 평가와 치료를 받고 부대로 복귀하거나 제대한다. 2005년부터 미국 보훈부는 제대군인 정신건강회복프로그램을 위해 전담인력을 6000명에서 2만명으로 늘렸다. 집으로 찾아가 보훈서비스를 안내하고 취업지원과 정신건강지원을 제공한다. 이들 중 핵심인력이 바로 제대군인 출신 동료상담가들이다.

동료상담가 제도는 먼저 아파 본 사람이 아픈 사람을 도울 수 있다는 근거에서 출발한다. 미국에선 중증정신질환 대상 지역사회 적극적 치료프로그램팀 또한 동료상담가 채용이 필수이다. 지방자치단체가 직접 채용해 의료보험을 통해 급여를 주고 전문가와 함께 팀원으로 일한다. 치료를 거부하거나 방치된 환자의 마음을 열게 한다. 보훈과 재난치유는 좌우나 여야의 문제도 아니다. 미국에서 보훈처를 보훈부로 격상시킨 것은 레이건 행정부였고 외상 후 스트레스장애 입증책임을 간소화한 것은 오바마 행정부였다.

누구에게도 마음을 열지 않던 천안함 생존자들이 전준영 회장과 동료들이 내민 손에 서서히 마음을 열고 독방에서 나와 치료를 받고 목소리를 내기 시작했다. 우리도 동료상담가 제도를 적극 활용해야 한다는 걸 보여 주는 사례가 아닐 수 없다.

국가적 재난에서 살아남은 생존자들이 다른 피해자들을 찾아가는 정성을 더이상 개인의 희생에 맡기지 말자. 관료화되기 쉬운 공공조직이 마음이 아픈 이들에게 좀더 공감할 수 있는 따뜻한 조직으로 혁신할 수 있는 계기도 될 수 있다. 동료상담가 제도는 트라우마를 보듬어 주고 함께 살아가는 길을 모색해 나가는 인정과 치유를 위한 첫 단추가 될 수 있다.

- 백종우 재난정신건강위원회 위원장, [백종우의 마음의 의학] 동료상담, 함께 아파 봤던 이들이 여는 공감과 치유, 서울신문, 2020년 8월 31일.

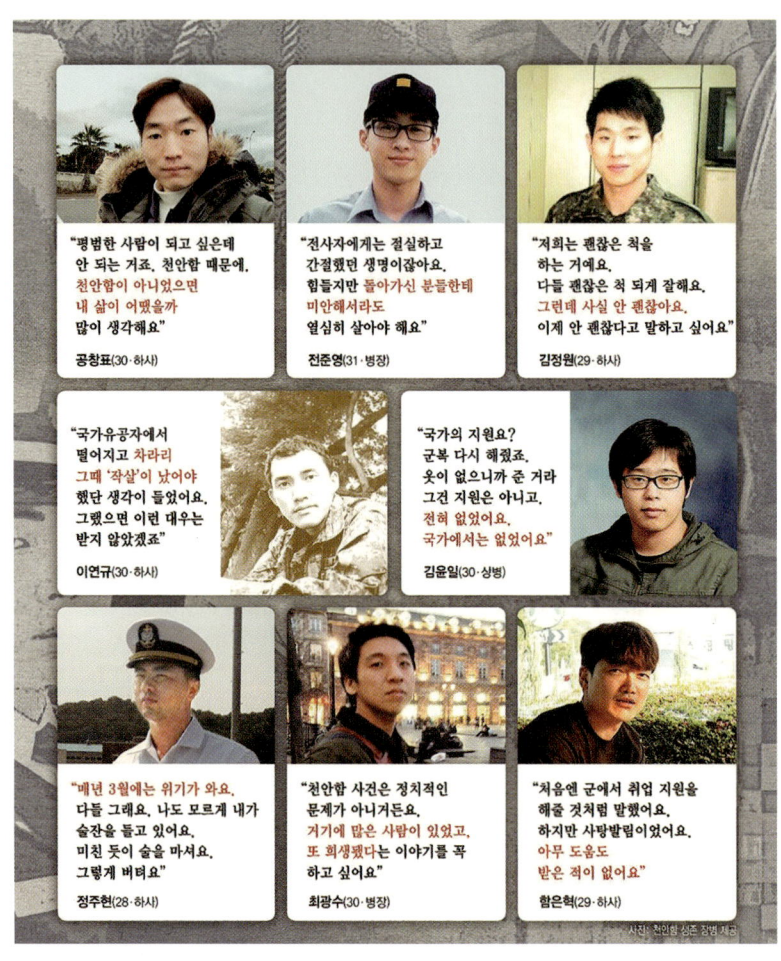

2020년 11월 국회세미나에서 '2018년 천안함 생존자 실태조사 – 외상후스트레스장애(PTSD) 관리의 문제점을 중심으로' 주제발표를 해준 김승섭 교수(고려대학교 보건과학대학 보건정책관리학부)는 2018년 7월 16일 한겨레21 기획보도에 참여하여 천안함 생존장병들을 대상으로 한 설문조사 결과와 연구보고서를 통해 처음으로 천안함 생존자들의 외상후스트레스장애의 심각성을 세상에 알렸다. 사진은 2018년 당시 한겨레21 보도 기사 캡처.

2020년 11월 국회세미나에서 '2018년 천안함 생존자 실태조사 – 외상후스트레스장애(PTSD) 관리의 문제점을 중심으로' 주제발표를 해준 김승섭 교수(고려대학교 보건과학대학 보건정책관리학부)는 2010년 천안함 피격 이후 온갖 음모론과 음해 속에서 고통 받고 숨어서 숨 죽여야 했던 천안함 생존장병들의 외상후스트레스장애에 대한 심각성을 8년만에 세상에 알린 연구자이기도 했다.

　2018년 7월 16일 한겨레21은 '천안함, 살아 남은 자의 고통'이라는 제하에 처음으로 천안함 생존자의 고통을 있는 그대로 세상에 알렸고, 김승섭 교수는 이 기획보도에 참여하여 천안함 생존장병들을 대상으로 한 설문조사 결과와 연구보고서는 한겨레신문과 한겨레21에 보도되었다.

　김승섭 교수의 세미나 주제발표 결론 대신 제시한 자신의 글은 우리가 국가유공자를 대하는 기본적인 자세와 태도로부터 제도혁신에 이르기까지 반드시 회복해야 할 교훈을 던져주었다.

　"많이 망설였습니다. 천안함 생존장병들의 경험과 고통에 대한 연구가 사람들에게 어떻게 전달될까, 결국 또 그 소모적이고 지루한 정치적 싸움으로 이어지지는 않을지, 사건만 있고 사람은 존재하지 않는 논쟁으로 이 사람들을 더 아프게 만드는 것은 아닐지 두려웠습니다. 부조리한 사회로 인해 상처 받은 사람에 대한 연구를 해왔습니다. 그들의 삶은 각기 다른 이유로 힘겨웠지만 그 주변에는 고통을 공감하고 안타까워하는 사람들이 함께 있었습니다. 그런데 천안함 생존장병들 옆에는 그 누구도 없었습니다. 사람들은 절단된 배만을 바라보았고, 그 배에 탔던 사람들이 겪었을 고통은 보지 않았습니다."

- 김승섭 교수, 2020년 11월 11일 국회세미나, '2018년 천안함 생존자 실태조사 – 외상후스트레스장애(PTSD) 관리의 문제점을 중심으로'

백종우 교수와 김승섭 교수가 용기를 내서 자원해서 참여하고 실천한 일들이 얼마나 중요한지를 새삼 일깨워 주었다. 두 분은 나서지 않아도 아무 상관이 없는 일들에 열정과 용기로 참여했다. 그리고 천안함 생존자들과도 같이 억울하게 냉대와 외면 속에서 더욱 고통 받고 있던 숨은 영웅들을 세상에 다시 바로 세우는 역할을 해주었다.

백종우 교수와 김승섭 교수의 헌신은 비단 천안함 생존자와도 같은 문제에 국한하지 않고 부조리한 우리 사회의 그늘 속에서 고통 받는 사람들, 나아가 의로운 죽음을 인정 받지 못하는 현실에 맞서 의사상자를 위한 연구와 제도개선에도 앞장서고 있다는 점에서 깊은 감사와 함께 고개를 숙이게 한다.

'국군장병, 경찰, 소방관, 의사상자' 모두를 위한 보훈제도 통합

　전준영 회장과의 인연은 천안함 생존장병들, 그들 뒤에서 그들을 영웅으로 되살리는 현효제 사진작가와 염현철 영상작가, 그리고 숨은 자원봉사자 청년들의 만남으로 이어졌다. 우리 곁의 영웅들을 위해 헌신하고 봉사하는 안종민 사무총장과 백현민 간사와도 같은 청년들, 또 아무도 알아주지 않고 보훈제도와 국가유공자 지정에서조차 무시되었던 PTSD(외상후스트레스장애)의 심각성을 일깨운 백종우 교수와 김승섭 교수 같은 분들도 만나뵐 수 있었다. 모두 우리가 방관하고 외면하던 우리 곁의 소중한 영웅들을 되살리는 사람들이었다.
　2020년 2월 12일 시작한 '국군의 권익과 보훈, 혁신 방향과 과제' 국회 세미나에 이은 6월 보훈정책혁신 국회세미나는 제21대 국회 개원을 맞아 연속성을 가지면서 국군장병뿐만 아니라 경찰, 소방관을 비롯한 공직자, 의로운 죽음으로 우리 사회를 지킨 의사상자 모두를 위한 통합보훈의 미래를 향해 한걸음 나아가게 되었다.
　김석호 교수는 6월 국회세미나에서 '한국전쟁 70주년 국민여론 속의 국가유공자 위상'이란 주제발표로, 그리고 11월 세미나에서 '한국사회의 공공성 제고와 국가유공자 지정 확대 위한 정책과제 – '의사상자(사회적 의인), 소방/경찰 공무원 등 공직 대상자를 중심으로'라는 주제발표로 우리의 국가유공자에 대한 국민적 인식을 전환하는 동시에 국군장병뿐만 아니라 경찰, 소방관을 비롯한 공직자, 의로운 죽음으로 우리 사회를 지킨 의사상자, 그리고 독립유공자와 민주화운동 유공자까지 포함하는 통합적이고도 형평성 있는 보훈제도로 확대되어야 한다는 새로운 이정표를 제시해주었다.

6월 국회세미나에서 '한국전쟁 70주년 국민 여론 속의 국가유공자 위상'이란 주제발표에서 김석호 교수는 '유공자'에 대한 사회적 담론이 정치적 논쟁과 갈등을 중심으로 형성되어 있으며, 정작 중요한 '유공자 처우 개선'과도 같은 담론은 오히려 옆으로 밀려나 있다는 점을 지적했다.

세계 40여 개국 대상 '국가자긍심' 조사 비교에서 우리나라는 30위권으로 중하위권에 속했고, 매년 실시하는 한국종합사회조사에서 우리나라는 4년마다 한 번씩 '국가자긍심'이 높아지곤 하는데 그 시기가 월드컵과 맞물려 있다는 사실도 지적했다. 나라와 국민을 지킨 국가유공자들은 뒤로 밀려나고 '월드컵 애국심'이 그 자리를 차지하고 있는 우리의 현실을 일깨워주기도 했다.

국가보훈처, 나아가 정부의 역할은 사회학적으로 대한민국를 유지발전시키기 위해 희생한 개인과 유가족에게 공동체 차원의 예우와 보상을 제대로 하는데 있다. 그렇지 않을 경우 누가 국가와 사회를 위해 기꺼이 자신을 헌신하거나 희생하겠는가 하는 김석호 교수의 물음은 우리의 후진적인 보훈제도와 실태에 경종을 울려주었다.

언론 속의 '국가 유공자', 또는 '유공자'라는 키워드를 빅데이터로 분석한 결과는 국가유공자와 공사상자의 중요성에 비해 국민적 관심과 논의, 합의와도 같은 관심은 부족했고, 국민적 관심도 감소하는 추세라는 사실은 우리 보훈정책의 현주소와 문제점을 그대로 드러내주고 있었다.

단적인 사례로 2019년 언론에 나타난 '천안함 유공자' 담론 지도 분석을 보면 '천안함 유공자' 담론 분석임에도 '목함지뢰 공상' 논란의 하재헌 중사에 대한 국가보훈처 심사의 문제점을 비판한 담론이 나타난다든가 2019년 현충일 천안함 유공자 청와대 초청 당시 문재인 대통령의 발언과 행동을 비판하는 담론이 주로 형성되어 있었고, 전반적인 의미망 체계는 '국가보훈처 심사 미흡', '유공자 및 공사상자들의 고통'과 관련된 담론이 주류를 이루고 있다.

김석호 교수는 이러한 분석을 바탕으로 오늘 우리의 '유공자' 담론은 정치적 논쟁과 갈등을 중심으로 형성되어 있으며, 정작 중요한 '유공자 처우 개선'과도 같은 담론은 오히려 밀려나 있다는 점을 지적했다. 공정하고 국민의 신뢰를 얻어야 할 '국가보훈처'에 대한 담론 또한 논란과 갈등에 싸여 있고, '천안함 유공자' 관련 담론의 경우 국가보훈처에 비판적인 심사의 문제점, 그리고 전사상자와 공사상자들의 고통에 대한 담론이 주류를 이루고 있다는 문제도 그대로 나타나 있다.

이같은 기형적인 담론의 형성은 시간이 지날수록 '유공자' 관련 기사와 담론은 증가하는데 반해 대부분이 폄훼와 공방, 갈등과 정쟁의 도구로 떨어지고 있을 뿐 상식적인 차원의 '국가유공자'에 대한 국민적 인식과 이미지를 높일 수 있는 담론 형성이 시급함을 일깨워 주었다.

김석호 교수는 이를 극복하기 위해서는 국가유공자 요건, 상이등급 심사 절차를 공정하고도 전문화하고 국민들에게 투명하게 공개함으로써 불필요하고 소모적인 갈등과 논란을 줄이고, 국가유공자와 공사상자들에 대한 예우와 처우를 획기적으로 선진화해야 한다는 점을 대안으로 제시했다. 이를 위해서는 공정성, 투명성, 개방성, 호혜성 등의 확고한 원칙에 기반한 정부의 보훈 활동을 정확히 홍보하는 일이 중요하며, 국가유공자와 보훈에 대한 심층적이고도 정확한 국민인식 조사의 정례화, 국민적 공론화 과정이 필요하다는 정책 제언도 제기했다.

김석호 교수는 세미나 직후 언론 기고를 통해 우리 보훈정책과 국가유공자에 관한 제도적 문제의 심각성을 명쾌하게 지적하면서 여론을 환기시키기도 했다.

현재 대한민국에서는 다른 구성원들을 위해 희생한 사람들조차도 정파적 이해에 부합하는가에 따라 대우가 달라진다. 대표적인 예가 46명의 소중한 목숨을 희생시킨 천안함 유가족과 생존자에 대한 처우다. 천안함 생존자 중에는 외상후스트레스 장애, 십자인대 파열, 이명, 난청, 신경계통 장애 등 고통에 시달리다가 의병 전역도 아닌 일반 전역을 하는 경우도 있다. 전역 후에도 국가유공자로 인정받는 경우는 소수이며 온전치 못한 몸을 이끌고 인정을 받기 위해 여러 기관을 전전한다. 더 어이없는 현실은 국가유공자나 유가족이 되려면 '국가입증'이 아닌 '개인입증'을 해야 한다는 점이다. 천안함 생존 장병 33명 중 지난 10년간 10명만 국가유공자가 되었다. 그들은 여전히 고통 속에 있다.

공동체를 위해 일하다 감행한 희생에 대한 적절한 보상과 처우 없이 그 누구도 자진해서 나서지 않는다. 고귀한 희생이 정당한 대우를 받았을 때 진정한 공동체가 되고 구성원들도 나와 가족, 이웃을 위해 규칙과 제도에 순응하고 희생한다. 천안함 침몰 원인과 관련한 논란과 정쟁은 모두가 알고 있을 것이다. 어느 쪽이 진실에 가깝다고 생각하는 것은 정파와 개인의 자유다. 그러나 북한의 어뢰 공격에 의한 것이라는 정부의 발표를 믿든, 권력의 더러운 거짓말이라고 의심하든 변하지 않는 사실은 '대한민국 공동체'를 위해 주어진 임무에 충실하다가 그 배 안에서 희생된 장병들이 있었다는 것이다. 그들의 현재 진행형인 고통은 우리가 고결하다고 착각하는 이념의 영역 밖에 존재해야 한다. 이는 대한민국이 특정 이념에 바탕을 둔 상상의 공동체가 아닌 삶의 비루함을 어루만지는 차가운 현실 인식에 기반한 실체적 공동체여야 하기 때문이다. 천안함 희생자들을 정파적 이해에 붙잡아 두고 있는 한 대한민국은 공동체가 될 수 없다. 박근혜 정부도, 문재인 정부도 이들을 외면하는 건 마찬가지이다.

정치학자 코언은 정치적 공동체가 통합을 유지하기 위해서는 그 공동체 형성의 기초가 되어 다른 공동체와의 차이를 명확하게 해주는 상징이 다양한 의미를 포괄할 수 있어야 한다고 주장한다. 오직 그 경우에만 대한민국 공동체는 실체 없는 허구가 아닌 구성원의 마음과 행위에 녹아든 현실이 될 수 있다. 좌와 우의 차이도, 진보와 보수의 경쟁도 다양성에 대한 포용으로 담아보려는 시도가 필요하다. 이를 위해서는 국민보다는 시민으로, 애국심보다는 시민성으로라는 인식의 진화가 절실하다. 공동체가 요구하는 의무를 이해하고 준수하고 기본적으로 누려야 하는 권리를 인식하며, 이를 지키기 위해 능동적으로 참여하는 시민만이 '대한민국 공동체'를 지속 가능케 한다. 차이에 대한 관용이 규범이 되고 시민성의 효과에 대한 확신이 강건해질 때 우리를 위한 다른 사람의 희생도 고귀하게 볼 수 있으며, 최선을 다해 보상하고 진정 감사하는 마음을 가질 수 있을 것이다. 대한민국 공동체는 단일대오의 정파성과 애국심이 아닌 다양성에 기반한 시민성에 의해 작동되어야 한다.

- 김석호 /서울대 사회학과 교수, '대한민국 공동체의 미래를 위하여', 2020년 6월 22일, 동아일보 [동아광장].

11월 국회세미나에서는 김석호 교수의 한국사회의 공공성 제고와 국가유공자 지정 확대를 위한 정책과제 - '의사상자(사회적 의인), 소방/경찰 공무원 등 공직 대상자를 중심으로' 주제발표와 함께 고 임세원 교수의 의사상자 지정 법정대리인을 맡아 의사자 지정 소송까지 해서야 의사자 지정을 받을 수 있었던 사례를 통해 보훈제도 개선과 통합의 필요성을 환기해주었다.

김민후 변호사, "고 임세원 교수 의사자 지정, 법제도 개선 계기로"

　김민후 변호사는 '고 임세원 교수님 의사상자 거부처분 사건에서 나타난 의사상자 제도의 문제점 - 의사상자심사 절차의 미비점을 중심으로' 주제발표를 통해 오늘 우리의 법제도가 공익을 위해 희생한 의사자 예우에 얼마나 취약한지를 증명하는 동시에 개선해야 할 방향을 명확하게 제시해 주었다.

　고 임세원 교수는 2018년 12월 31일 강북삼성병원 정신건강의학과 교수로 일하던 중 조현병 환자의 흉기에 찔려 사망했다. 유족들은 2019년 3월 4일 보건복지부장관에게 의사상자법에 따라 의사자 지정을 신청했으나 2019년 6월 보건복지부 의사상자심사위원회 심의 결과 거부처분 의결로 무산되었고, 6월 25일 보건복지부장관은 '고인을 의사자로 볼 수 없다'며 거부 처분을 내렸다. 이에 유족들은 2019년 9. 월 10일 행정소송을 제기했고 2020년 9월 10일 행정소송 승소(2020. 9. 29. 판결 확정)로 고 임세원 교수는 사망 2년이 가까워서야 의사자 지정을 받을 수 있었다.

　김민후 변호사는 법원의 소송절차와 보건복지부의 의사상자심사 절차의 비교를 통해 보건복지부의 심의가 얼마나 요식적이고 허술한지를 확인시켜 주었다.

　보건복지부의 의사상자심사 절차는 유족의 형식적인 1장의 신청서와 이유서만 접수한 후 심사절차 및 심리과정을 비공개로 진행하여 어떤 논의와 공방이 있었는지 파악이 불가한 심의과정을 거쳐 1쪽 분량의 불인정 결정문에 '직접적·적극적 구조행위 미비'라는 불인정 사유 한 구절만 기재한 채 유족에게 통지되었다.

반면 법원의 소송절차는 변호사가 관련 형사사건 기록(1,257쪽) 주요 내용을 발췌하여 증거로 제시했고, 재판부를 통해 강북삼성병원 사실조회 신청 및 회신 과정을 거쳐 이를 증거로 채택했으며, 법원의 현장검증을 대체한 변호사의 현장동영상 촬영 및 증거제시 과정을 거쳐 재판정에서 시청했다. 추가로 유족의 주장을 뒷받침하는 대법원 판례와 하급심 결정례를 담은 근거자료를 3회에 걸쳐 서면 제출했고, 총 14쪽 분량의 판결문에 유족측이 재판과정에서 제출한 증거 17개가 명시되면서 건복지부의 의사상자심사 불인정을 뒤짚고 의사자 지정을 인정 받았다.

김민후 변호사가 고 임세원 교수의 의사자 지정 소송 변론과정을 경험하면서 제시한 의사상자심사위원회와 관련한 제도개선 제안은 우리 국회에서 귀 기울여야 할 사안으로 가슴에 새겼다.

먼저 '사실관계 확정절차의 보완'이 우선되어야 한다. 의사상자심사위의 결정이 소송과정에서 뒤집히는 경우는 대부분 의사상자심사위에서 사실관계 확정을 그르친 경우이다. 따라서 의사상자법 제4조(위원회 운영) 조항에 행정심판법 제33조(주장보충), 제34조(증거서류 제출), 제35조(자료제출요구), 제36조(증거조사) 등과 같은 규정을 추가하여, 소송 또는 행정심판에서와 같은 깊이 있는 증거조사를 통한 사실관계 확정에 만전을 기해야 한다.

2020년 11월 11일 세 번째 보훈정책혁신 국회세미나에서 '고 임세원 교수님 의사상자 거부처분 사건에서 나타난 의사상자 제도의 문제점' 주제발표 후 토론에 임하고 있는 김민후 변호사(왼쪽에서 두 번째, 사진 심상협)

임세원 교수 사건에 관해서 보건복지부는 "도망가!"라고 외친 것만으로는 의사자라고 볼 수 없다고 주장하였지만, 행정법원 재판부는 보건복지부의 판단이 틀렸으며 "임세원 교수의 구조행위는 의사에게 기대 가능한 최선의 행동이었다"(13쪽)고 명시했다. 이처럼 구체적인 사실관계에 대한 확인이 부실한 보건복지부의 의사자 심사는 '사실관계 확정절차의 보완' 규정부터 개선해야 한다.

나아가 '법적 평가절차의 보완'이 필요하다. 의사상자법 시행령 제3조는 위원장을 보건복지부 사회복지정책실장으로, 부위원장을 보건복지부 사회서비스정책관으로 하고, 기재부·국가보훈처·경찰청·소방청의 고위공무원 등으로 구성하도록 규정하고 있다.

임세원 교수 사건에서 외부 변호사 위원 2명이 모두 '직접적·적극적 구조행위 미비'를 주장하자, 다른 법적인 평가를 할 수 있는 위원으로부터 반대의견이 나올 수 없는 논의구조였다는 문제점이 있었으며, 결국 2명의 변호사가 위원회 전체의 법적 결론을 내리는데 과도한 영향력 행사하는 결과를 초래했다는 문제점을 지적할 수 있다.

따라서 의사상자심사위원회 위원장을 적어도 행정법원 부장판사 이상의 법조경력을 가진 변호사로 하고, 부위원장 및 위원 역시 법원에서 의사상자 행정소송 심리경험이 있는 법조인으로 맡도록 하여, 법적 평가에 있어 다양한 토론과 논의가 진행되고 의사상자법 취지에 맞는 법적인 논의결과가 처분에 반영될 수 있도록 제도 개선 필요하다.

고 임세원 교수의 의사자 지정 과정은 장기적으로는 보건복지부 소관의 한계를 넘어서 보훈부처로 통합하여 논의하고 예우하는 방향으로 논의를 진전시켜야 한다는 소신이다.

현재 고 임세원 교수는 의사자 지정과 함께 우리 곁에서 다시 살아나고 있다. 2018년 12월 31일 세상을 떠난 임세원 교수의 3주기를 맞아 그의 유고집 『죽고 싶은 사람은 없다』의 개정증보판이 출간되었다. 이번 책에는 그의 인간적인 면모를 엿볼 수 있는 미공개 원고와 함께 아내 신은희 교수의 서문, 절친한 동료 백종우 교수의 추모의 글이 새롭게 실렸다.

지금 그의 책 『죽고 싶은 사람은 없다』의 개정증보판 SNS를 통해 다시 우리 곁으로 다가온 카드뉴스를 통해 고 임세원 교수의 남긴 뜻을 되새겨 본다.

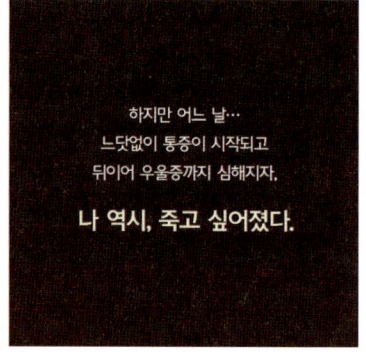
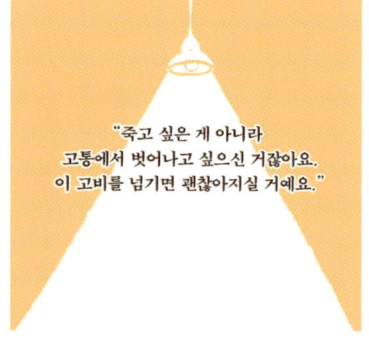

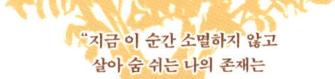

2018년 12월 31일 세상을 떠난 임세원 교수의 3주기를 맞아 그의 유고집 『죽고 싶은 사람은 없다』 개정증보판이 출간되었고 SNS 카드 뉴스를 통해 다시 우리에게 그의 의로운 죽음의 의미를 일깨워 주고 있다.

제3장 우리 곁의 숨은 영웅을 찾아서

'팀코리아' 한국원자력 세계화의 기수 권양택 본부장

 2021년 7월 1일 신문에 난 짤막한 인사 기사 한 줄에 뛸 듯이 반가웠다. '바라카원자력본부 본부장 권양택'. 권양택 본부장을 처음 알게 된 것은 한국원자력문화재단에서 2016년 4월 발행한 '원자력문화' 인터뷰 기사를 통해서였다. 인터뷰는 마침 고등학교 후배이자 언론인으로 평소 가깝던 고 윤홍식 전 국민일보 기자가 썼었다. 2016년 당시 권양택 본부장은 UAE 아부다비 바라카 원전건설 현장 시운전실장이었고 이후 고리원자력 1발전소장으로 귀국했다가 바라카 원전 제2발전소장으로 다시 복귀한 후 올해 7월부터 아부다비 원전 4기를 총괄하는 본부장으로 일하고 있는 한국 원자력산업의 주역이다.
 평소 원자력 갈등 합의에 관심을 가지고 국회세미나를 개최하던 당시였고 고향 후배이던 권양택 본부장은 이후 우연찮은 기회에 개인적으로도 알게 되어 연락을 주고 받으면서 가까워지게 되었다.

1963년생인 권양택 본부장은 충남 천안 병천면 가전리 가난한 농부의 4남매 중 막내로 태어나 남의 일을 품앗이하느라 가장 늦게 모를 매고 가장 늦게 추수를 하던 유년시절을 보냈다 한다. 대학진학을 생각할 수 없었던 권양택 본부장은 당시 학비가 무료이던 한전의 수도공고에 진학했고 스무 살이던 1982년 졸업과 동시에 당시 한전에 입사하여 우리나라 첫 원자력발전소인 고리원자력 제1발전소에서만 32년 원전운전의 한길을 걸어온 한국 최고의 원자력 엔지니어이다.

한국의 원자력은 세계 원자력계의 주목을 받는 최고의 기술력을 인정받고 있다. 2016년 4월 발행된 '원자력문화' 권양택 바라카원전 본부장 인터뷰 기사 '어썸 코리아!(Awesome Korea) 현장을 듣다'를 중심으로 세계 원자력 선진국이 UAE 원전건설 현장을 주목하는 이유를 통해 한국원자력 기술의 우수성을 확인해보고자 한다.

2016년 당시 세계 에너지업계는 '신기후체제(파리협정, Paris Agreement)' 속에서 원자력 에너지가 새로이 부상하는 시기였으나 세계 선진 각국은 원전건설 비용과 공기지체로 어려움을 겪고 있었다. 이에 반해 세계 유일의 공기준수로 주목받는 원전건설 현장이 바로 대한민국 첫 원자력 수출 현장 UAE 아부다비 바라카 원전건설 현장이었다. 당시 성공적으로 시운전 공정에 임하고 있는 바라카 원전 권양택 시운전실장은 세계적인 선진 원전건설 모범사례로 주목받고 있는 이유를 설명했다.

바라카 원전은 한국이 시공하고 있지만 자문과 감리, 규제 등의 분야는 미국과 영국, 독일 등 세계 원자력 선진 각국의 전문가들이 나와 있었고 우리 원전기술은 그들의 평가를 받아야 했다.

권양택 본부장은 당시 영국 호라이즌 발전소 운영실장을 맡고 있는 탐 샘슨 일행의 현장 방문 분위기를 소개했다. 그들은 현장을 돌아보는 내내 "환타스틱(fantastic), 어썸(awesome)" 등과 같은 감탄사를 연발했다. 정해진 공기에 한 치의 오차도 없는 공정에 경이롭다는 반응이었는데, 특히 세계 원전수출 시장에서 저가 공세로 우리와 경쟁하고 있는 중국에 비해 공정관리, 시운전, 운영경험 등에서 우리 한국이 비교할 수 없을 정도로 우수하고 안전하다는 평가였다.

이러한 긍정적인 평가는 많은 난관을 이겨내면서 가능했다. 가장 어려운 점은 국내 시공관례과 서양식 사고방식과 관행 차이였다. 국내에서는 현장에서 바로 결정해서 선시공(field run)하고 도면을 작성하는 것이 관례인데 여기는 그렇게 하면 고개를 가로 젓기 일쑤였다. 우선 사소한 것 하나하나까지 도면과 절차서를 완비한 다음 실행에 들어가야 했고, 언어장벽과 문화적 관습까지 함께 극복하면서 절차와 프로세스까지 지켜야 했다.

예를 들면 이곳 외국 선진 기술진들은 사실상 원전 수출을 놓고 싸우는 적이라 해도 과언이 아니었다. 권양택 본부장은 시운전 과정의 상온수압시험 중 밸브 라인업 프로세스에서 생긴 일화를 소개했다.

상온수압시험에는 밸브 라인업이 무척 중요하다. 사전에 점검표를 만들어서 실행부서인 원자로팀이 우선 수행하고 발전팀이 중복 체크하는 과정에서 최종 절차서에 서명하기 전에 1,2,3차 점검작업을 하는데 UAE 규제기관인 FANR 직원이 점검 시트를 보고는 현장확인 중에 공정상 정비 중인 밸브 하나가 덜 열렸다고 지적해왔다. 저희들은 알고 있었고 현재 공정이 진행 중이라는 점을 설명하면서 완벽하게 정비한 후 확인까지 해주었다. 문제는 그 다음이었다. 함께 있던 미국 기술진이 이 작은 문제를 마치 큰 문제인 것처럼 고위층에 메일을 뿌렸다. '한국 시운전 요원은 기본이 안돼 있다, 워크숍을 당장 소집해야 한다'면서 호들갑을 떠는데 억울하고 분이 안풀려 잠을 한숨도 못이뤘던 경험이었다.

권양택 본부장은 냉정을 되찾고 발전소장과 캐나다를 비롯한 다른 나라 기술진들을 통해 실제 정확한 진실을 알리자는 전략을 세워 실행에 옮겼다. UAE의 샤이드 부키사 발전소장이 사실을 공정하게 재확인해서 미국측 최고 경영진에 전달해 주었고 시운전 오버싸이트인 캐나다 존코르테카스의 도움으로 미국측 주장은 사실과 다르고 한수원 시운전 요원들은 정말 절차와 프로세스를 잘 지키고 있다는 것을 확인해주었고 한국 원자력 시운전 매뉴얼은 공식으로 인정받을 수 있었다.

권양택 본부장을 비롯한 한국의 원자력 발전소 건설과 시운전 기술지들은 갖은 고생 속에서도 대한민국을 대신해 UAE를 비롯한 미국, 영국, 독일 등 세계 각국의 감리와 자문 인력들에게 약속과 신뢰를 지켜냈다는 점을 가장 큰 보람으로 꼽았다.

시운전은 물 생산, 공기생산, 초기전원 가압이 요체이다. 대한민국의 한수원을 중심으로 한 원자력 발전소 건설현장의 엔지니어들은 평균 3~4개월 늦게 턴오버를 받아 공기가 무척 촉박한 난관 속에서도 밤낮을 잊고 일했고, 눈물과 땀과 열정으로 이겼다 한다. 섭씨 50도가 넘는 물 공장의 찜통더위, 또 공기 압축기실 모래먼지를 마시면서 우리 기술진들은 정확한 공정과 매뉴얼을 준수하며 공기를 맞추었고 언어와 문화의 장벽, 더욱이 적이나 다름 없는 선진 각국의 용병들의 견제를 이겨내며 공기와 신뢰를 지킬 수 있었다.

UAE 바라카 원전 건설현장은 외형적으로는 한수원이 UAE와 갑을 관계지만 실제 계약상으로는 병의 어려운 위치에서 일해야 했다. 일반적으로 을이 갑의 요구를 충족시키는 것도 어려운데, 병으로서 갑과 을의 요구를 동시에 수용하기에는 수많은 난관에 봉착해야 했다. 게다가 감리, 규제 과정의 수많은 외국 기술진까지도 설득해야 할 때가 대부분이었다. 하지만 권양택 본부장을 비롯한 한수원은 주계약자인 한전의 입장을 십분

이해하며 '팀코리아 정신'으로 극복할 수 있었고, 늘 고통을 감수하며 땀과 열정으로 이겨내준 현장 팀원들의 묵묵한 열정과 노고로 한국 첫 원자력 수출 현장의 성공을 이끌어냈다.

'팀코리아 정신'이라는 단어로 권양택 실장을 비롯한 우리 원전 기술진의 사명감과 각오가 감동과 함께 전해온다. 이후 권양택 본부장은 2016년 당시 다음 시운전 공정이었던 고온기능시험(Pre-core Hot Functional Test) 세부 공정도를 완료하고 6월 말 착수, 2달간 시험 후 연료 없이 종합성능시험을 완료했고, 2020년 3월 1일 연료장전을 차질 없이 진행했다. 이후 2021년 1월 12일 출력상승시험을 마치고 드디어 세계 원자력계의 주목을 받는 BNPP 1호기의 상업운전 개시라는 역사적 서막을 열었다.

세계적인 원전 선진국에서 UAE 아부다비 바라카 원전건설을 주목하는 이유는 이미 학계에서도 입증되고 있다. '비용저감'과 '공기준수' 이 두 가지가 핵심 경쟁력이다.

첫째 '비용저감' 측면에서 한국의 원전건설 기술은 어떤 수준인가? 지난 2월 미국에서 발표된 논문 한편이 주목을 끈다. 브레드 퍼머(Brad Plumer) 박사는 〈왜 미국은 원자력을 버렸는가(그리고 한국에서 배울 점은 무엇인가) Why America abandoned nuclear power (and what we can learn from South Korea)〉란 제목의 논문에서 프랑스, 캐나다, 일본 등의 원전건설 비용을 유지해온 사례를 소개하고, 1970년대 이후 비용을 급격하게 감소시키고 있는 한국의 경우를 가장 주목할 만한 사례로 부각하면서 미국이 에너지와 환경문제를 해결하는 지속가능한 원자력의 활용을 위해서는 한국을 배워야 한다고 주장하고 있다.

지난 2016년 2월 브레드 퍼머(Brad Plumer) 박사는 〈왜 미국은 원자력을 버렸는가 (그리고 한국에서 배울 점은 무엇인가) Why America abandoned nuclear power (and what we can learn from South Korea)〉란 제목의 논문에서 프랑스, 캐나다, 일본 등의 원전건설 비용을 유지해온 사례를 소개하고, 1970년대 이후 비용을 급격하게 감소시키고 있는 한국의 경우를 가장 주목할 만한 사례로 부각하면서 미국이 에너지와 환경문제를 해결하는 지속가능한 원자력의 활용을 위해서는 한국을 배워야 한다고 주장했다. 관련논문 게제 지면 캡처.

둘째 '공기준수'. 2016년 당시 원전 선진국이라 할 수 있는 핀란드 Olkiluoto 3호기 건설현장은 9년의 공기 지연, 프랑스 Flamanville 3호기 건설현장의 경우 6년 공기 지연이 예상되는 상황이고, 중국의 경우도 현재 22기 건설현장 중에서 2/3 이상이 심각한 공기지연으로 어려움을 겪고 있는 것으로 확인되고 있다.(2016년 4월 2일 현재)

세계 원전 선진 각국이 자국의 원전건설 현장에서조차 공기 지연으로 심각한 건설비용 상승과 계획 차질로 어려움을 겪고 있는 실정에 비해 우리 대한민국은 후발 원전 도입국이자 수출국으로서 '비용저감', 공기준수', 이 두 가지 가장 핵심적인 경쟁력에서 세계의 주목을 받고 있는 것이다.

그리고 이러한 대한민국 원자력 발전의 숨은 영웅들이 바로 바라카 원전건설 현장의 시운전팀을 비롯한 한수원 기술진들이고 그 중심에 권양택 본부장의 리더십이 자리하고 있다.

권양택 본부장이 원자력과 인연을 맺은 것은 스무살, 수도공고를 졸업하고 곧바로 한전에 입사하면서였다. 1982년이었고 국내 최초의 원자력발전소였던 고리1호기와 인연을 맺은 이후 2013년 시운전 업무 총괄을 자원해 UAE로 건너가기까지 만 32년 동안 고리원전 1호기와 운명을 함께 해온 국내 최고의 원전운전 기술자다.

지금 이 순간에도 '팀코리아 정신'으로 열사의 사막에서 대한민국 원자력을 글로벌 경쟁력을 향해 땀흘리고 있는 권양택

UAE 바라카원전 본부장, 그의 인터뷰 기사는 자신에게 무한한 애정으로 원전기술을 가르쳐 주고 어깨를 두드려준 원전 1세대 선배님들, 그리고 열사의 사막에서 묵묵한 사명감으로 그를 따라주는 후배 기술진들에게 모든 공로와 감사를 돌리는 인사로 끝나고 있었다.

대한민국이 원자력 도입을 결정한지 만 65년, 그리고 고리원자력 1호기를 준공 가동한지 만 43년의 역사 속에는 권양택 본부장과도 같은 숨은 영웅들의 땀과 열정, 그리고 멈추지 않는 도전이 있었다는 사실을 우리는 늘 기억해야 한다.

권양택 본부장이 본부장 취임 직전인 지난 2020년 3월 8일 열사에서 땀흘리는 '팀코리아' 한수원 현장 직원들과 함께한 바라카 2호기 운영허가승인(Operation License Approval), 연료장전 착수 기념단체사진.(사진은 권양택 본부장 페이스북 제공)

한국정치를 바꾸는 청년들, 이시우 씨와 김용식 씨

지난 2019년 11월 백이룸 당시 자유한국당 중앙청년위원과 함께 만난 김용식 당시 노원병당협위원장과 당시 여의도연구원에 재직하면서 당의 궂은일에 앞장서던 이시우 씨는 우리 국민의힘을 새롭게 바꿀 청년정치인으로 꼽는다. 한국정치는 청년세대에 이르기까지 학연과 지연, 계보와도 같은 권위주의적 배경이 보이지 않는 힘으로 작용하고 있지만 김용식 위원장과 이시우 연구원은 스스로의 결단으로 정치에 입문했고 공개 오디션과 공채로 오늘 국민의힘 청년정치 혁신을 위해 노력하고 있는 기대주들이다. 무엇보다 자리에 연연하지 않고 묵묵히 자신의 일뿐만이 아니라 당이 필요로 하는 일들에 언제나 솔선하며 헌신적인 그들의 모습에서 한국정치의 밝은 미래를 기대하게 한다.

1987년생 이시우 씨는 작지만 당찬 열정과 논리로 당의 전면에서 홍보와 언론을 담당하기도 하고 무대 뒤에서 궂은 일에도 늘 앞장서는 청년이다. 그녀는 촉망받던 성악가로 프랑스에서 최고연주과정을 밟은 재원이기도 하다.

그녀는 늘 무대에서 부르고 싶던 아리아 한 소절로 자신을 소개했다.

"하늘의 의지를 따르지 않으면 안된다. 그래, 그 때가 왔다."

바로 오페라 '오를레앙의 처녀' 제1막 7장의 잔다르크가 부르는 '안녕 고향의 언덕' 아리아이다. 오페라 '오를레앙의 처녀' 아리아에는 그녀 자신의 인생에 대한 좌절을 극복하고 도전하고자 하는 의지 뿐만 아니라 당과 나라의 위기를 극복하는데 앞장서겠다는 결연한 소신이 담겨 있다.

이시우 씨는 열살 때부터 성악을 전공하여 예원학교, 서울예술고등학교, 서울대학교, 서울대 대학원을 졸업했다. 서울예술고등학교를 수석 입학, 수석 졸업하였고 서울대학교에 재학 중에는 수많은 콩쿨에서 입상하면서 예술의 전당, 세종문화회관 등 우리나라 최고의 무대에서 실력을 인정받는 성악가의 미래를 열어갔다. 더 넓은 세계 무대에 도전하자는 포부로 프랑스 유학을 떠났고 프랑스 휴-말메종 국립음악원 최고연주자과정을 수료했다.

그러던 그녀에게 예기치 못했던 시련이 닥쳐왔다. 의료봉사와 구호 물품 전달 등으로 따뜻한 마음을 전하고자 떠났던 탄자니아 봉사활동 중 말라리아를 앓게 되었고, 그로 인해 성악가로는 치명적인 성대 결절과 용종 악화라는 질병이 절망으로 닥쳐 왔다. 더 이상 노래를 할 수 없다는 판정. 그녀는 세계적인 공연 무대에 서겠다는 꿈을 포기하고 성악가로서의 프랑스 유학은 방향을 바꾸어야 했다.

더 이상 노래할 수 없다는 상실감에 좌절하였지만 그녀는 문화와 예술의 나라 프랑스에서 예술인들을 위한 정책과 복지 같은 프랑스의 역사 깊은 문화정책들을 경험하면서 대한민국의 문화예술 정책을 선진적으로 변화시키자는 포부를 새로이 가꾸게 되었다. 그녀는 프랑스 유학을 마치며 대한민국의 뛰어난 문화예술분야 인재들이 마음 놓고 꿈을 펼칠 수 있는 정책, 그녀 자신이 다 꽃피우지 못한 꿈과 열정을 예술가들을 위한 정책을 만들어보자는 다짐으로 정치와 정책 현장 입문을 결심했다.

마침 당에서 실시하는 제8기 새누리당 여성보좌진 양성교육 프로그램을 접하게 되었고 음악원에 양해를 구하고 잠시 한국에 나와 교육 프로그램을 수료했다. 이후 4년간의 방황과 고민을 문화강국 대한민국을 향한 정책전문가의 포부로 바꾸어 간직하고 귀국하였고, 2015년 10월 국회 정책보좌 업무에 지원하게 되었다.

처음 국회 업무는 입법보조원으로 시작했다. 주변에서는 다들 '이해할 수 없다', '이겨내지 못할 것'이라 충고했지만 어린 시절 처음 성악을 배우면서 소리를 냈을 때처럼 기초부터, 바닥부터 차근차근 시작하기로 마음 먹고 스스로 정책을 만든다는 자세로 업무에 임했다. 이러한 모습을 기특하게 보아주신 의원과 비서관의 배려로 정책보좌진으로서 기본적인 직무와 역량을 차근차근 배우고 익힐 수 있었다. 또한 인턴 비서로서 일하면서도 2016년 가습기살균제 국정조사에 참여하였으며, 이낙연 국무총리 인사청문회를 비롯하여 국정감사, 각종 특위에서 질의 자료를 준비하고 보도자료를 작성하는 등 다양한 실무를 맡아 수행했다.

정치라는 새로운 분야에서 매 순간이 도전이었던 그녀는 2016년 4.13 총선 당시 선거캠프 안에서 우연히 연설원 제안을 받았고 이전에 스피치 공부를 했던 경험을 살려 당을 위해 선거일선에서 뛸 수 있었다. 13일간의 공식 선거운동 기간 동안 서울 동작(갑) 지역에서 후보와 단둘이 모든 유세 일정을 소화하였으며, 그 경험을 바탕으로 2017년 대선에서도 강남(갑·을·병) 지역 전체 유세를 도맡아 해낼 수 있었다. 20대 총선, 19대 대선, 7회 전국동시지방선거로 이어지는 선거 때마다 연설원으로서 선거 실무를 경험하면서 유권자들의 마음을 얻기 위해 설득하고 고민하는 시간이 그녀에게는 벅차면서도 감동스러웠다고 한다. 또한 당을 지지해주고 사랑해주는 당원과 국민의 마음이 얼마나 소중한 것인지 매 순간마다 깨닫는 값진 시간이었다고도 한다.

2017년 조기 대선 이후 그녀는 여의도연구원에서 일하면서 문화·예술, 여성·젠더, 반려동물, 밀레니얼 세대 등 당이 특히 취약하다고 지적받는 분야들을 연구하면서 다양한 연구보고서를 조사하고 작성하면서 새로운 정치 프레임과 정책 아젠다 개발에 능력을 발휘하기도 했다. 뿐만 아니라 전문가 간담회와 토론회를 개최하는 실무 역할, 연구원의 홍보와 공보 역할까지 담당하며 다양한 분야에서 새로이 변화하는 정치환경 변화에 능동적으로 대응하려는 노력도 소홀히 하지 않았다.

당을 위해 보고서를 올리고 뒤에서 실무만 담당하던 그녀에게 청년부대변인 공개 오디션에 지원해 직접 목소리를 내보지 않겠느냐는 국회와 연구원 동료들의 권유가 있었다. 그녀 자신이 청년 세대와 더 적극적으로 소통하고자 하는 당의 노력에 미력하나마 힘을 보태고 싶었고, 오디션을 통해 청년부대변인이라는 중책을 맡게 되었다.

청년부대변인을 전환점으로 여의도연구원에서도 공보와 홍보분야까지 겸직하게 되었고, 특히 정치와 연관된 청년들을 모아 3차례 연속 간담회를 개최할 수 있었다. 청년 정치부 기자, 청년 당협위원장, 청년 광역 및 기초의원, 청년 보좌진들과 함께 당의 이미지, 문제점, 나아갈 방향 등에 대해 토론하며 소통을 강화해나갔다. 청년부대변인 업무는 단순히 목소리를 전달하는 스피커를 너머 소통 창구로서 진정한 대변인의 역할을 알게 된 중요한 경험이었다.

기울어진 언론환경과 당의 낮은 지지율이 계속되는 상황 속에서 부대변인직을 수행하던 즈음 '조국 사태'가 터지면서 장외 투쟁이 시작되었다. 터져 나오는 여당의 실정 속에 2019년 8월부터 집회가 계속되면서 1부 행사 사회, 규탄사, 문화행사, 청와대 행진 구호 제창 등 다양한 역할을 맡아 집회와 행진을 주도했다. 총선을 앞두고는 SBS 선거 방송에 출연하게 되었고, 더불어민주당 청년대변인과 마주하며 매주 생방송으로 토론에 임했고, 이후 다양한 방송에서 당을 대변하는 패널로 활동하면서 청년정치인 사이에서 이름을 알리기 시작했다.

그녀의 소신은 문화예술정책을 바로 잡고 미래지향적인 정책 패러다임을 추진하는 것이다. 2018년 11월 충남도당 핵심 당직자 당원교육 강의 제안을 받아 〈문화 속에 숨겨진 좌파전략-공수처에도 드리운 문화선동〉이라는 주제로 강의를 하게 되었다. 이념 갈등으로 기울어진 문화콘텐츠 환경, 좌파가 문화의 힘을 이용하여 국민에게 편향된 정치적인 메시지를 끊임없이 확산시키고 있는 사례를 분석하고 바로 잡아야 한다는 소신과 조사를 담은 내용이었다. 그녀는 정치권에 들어와 늘 고민했던 분야에 대해 당원들과 함께 토론하고 의제를 만들어가는 경험을 바탕으로 문화예술정책 전문가로서의 꿈을 키워가고 있다. 그녀의 문화예술정책 바로세우기를 향한 신념은 오늘 우리 한국정치가 방관해서는 안될 중요한 정책과제이면서도 소홀히 여겨져왔던 분야다.

현재 문화예술계의 좌편향은 좌파진영의 오랜 공작과 선동의 결과물이라는 것이 그녀의 소신이다. 한두 해 사이에 바로 잡을 수 있는 것도 아니고 정권이 바뀐다고 바로 잡히는 것도 아니라는 소신이다.

그녀는 우리 정책 분야에는 그 좌편향을 바로잡는 축적의 시간이 필요함을 강조한다. 정상적이고 올바른 우파 예술인들을 지원하고 이념에 무감한 중도 문화예술인들을 깨우쳐 문화예술계가 더 이상 사이비 진보와 좌파의 선전 도구로 전락하지 않도록 지켜내야 한다는 신념이다.

그녀의 문화예술정책에 대한 소신은 구체적이면서도 장기적인 미래비전을 향하고 있다. 우선 단절된 문화예술계와의 네트워크를 새로 구축하고, 이념에 편향되지 않은 문화예술인을 규합해 그들이 숨 쉴 수 있는 생태계를 만드는 일로 시작해야 함을 역설한다. 그녀는 스스로의 사명을 이러한 중장기 프로젝트를 일선에서 성공으로 이끄는 중심으로 설정하고 있다. 그녀의 모교인 예원, 서울예고, 서울대 동문들은 당에서의 그녀의 활동을 보고 문화예술 발전과 그들의 처우 개선을 위한 통로 역할을 해주길 기대하고 있다고 한다. 그녀는 탄핵 직후, 당이 너무나 어려웠던 시기에 치렀던 2017년 5월 대통령 선거를 선명히 되새기곤 한다.

청년 또래가 가득한 강남 한복판에서 마이크를 잡고 우리 당을 지지해달라 호소하는 일은 진정한 용기가 필요했다. 매일 정신이 혼미할 정도로 욕먹기 일쑤였고, 그렇게 욕먹고 외면당하는 당의 모습에 울고, 조용히 다가와 응원해주시는 분들의 모습에 또 울어야 했다 한다. 그럼에도 그녀가 온갖 욕설과 굴욕을 이겨내고 끝까지 당을 지키며 목소리를 낼 수 있었던 것은 유일한 정통 보수 정당이 우리 청년, 나아가 우리 다음 세대 후배 세대들이 살아갈 대한민국의 내일을 위해 반드시 해야 할 사명이 있다는 믿음 때문이었다.

그녀는 길지 않은 삶을 살아왔으나 그 또래 청년들이 통상적으로 겪기 어려운 역경을 이겨내왔고, 또 그녀가 당에 몸담은 이후 가장 어려운 시기에 당의 활로를 여는 데 앞장서왔다. 그녀에게 당은 인생 가장 어려운 시기 꿈을 잃은 아픔을 잊을 수 있도록 소중한 기회를 주었지만, 당의 아픔이 낳은 자유한국당, 그리고 국민의힘은 아직도 어려운 난국을 벗어나지 못하고 있다.

그녀는 현재 여의도연구원을 사직하고 국민의힘 대통령후보 캠프에서 정권교체 최전선에서 다시 열정과 도전의 길을 열고 있다. 이시우 씨는 변함없이 여성 청년으로서 새로운 이미지와 목소리로 독단과 비리조차 무감각해진 문재인 정권의 비정상적인

1987년생 이시우 씨는 서울대에서 성악을 전공, 프랑스 휴-말메종 음악원에서 최고연주자과정를 수료한 후 여의도연구원 연구원으로 재직하였으며, 지난 8월 연세대 대학원에서 행정학 석사를 마쳤다. 현재 국민의힘 대통령 후보 캠프에서 일하고 있다. 사진은 지난 8월 22일 연세대 대학원 석사학위 수여 기념사진(사진은 이시우 씨 페이스북 제공)

행태를 국민의 눈높이에서 설명하고 전달하며 설득하고 있다.

나아가 그녀는 좌편향된 문화예술계 속에서 처절하게 싸워 부조리한 이념갈등을 넘어서는 새로운 문화예술정책으리 씨앗을 심고, 선량한 문화예술인의 입지와 처우개선을 위해 일하겠다는 각오도 실천하고 있다.

그녀를 볼 때마다 오페라 '오를레앙의 처녀' 제1막 7장의 잔다르크의 아리아가 귓전을 울린다.

"하늘의 의지를 따르지 않으면 안된다. 그래, 그 때가 왔다."

이시우 씨의 목소리는 '당과 나라의 잔다르크'가 되고 싶다는 결연한 의지로 전해 온다. 이시우 청년은 우리 당과 한국정치가 진정 필요로 하는 인재이자 영웅이라는 믿음이다.

1987년생 김용식 씨는 자유한국당이던 당시 공채 오디션을 통해 정계에 입문한 청년 인재로 현재 국민의힘 서울시당 대변인으로 활동하고 있다. 사진은 2020년 총선 당시 모습.(사진 김용식 대변인 제공)

김용식 국민의힘 서울시당 대변인은 1987년생으로 자유한국당이던 당시 공채 오디션을 통해 정계에 입문한 청년인재 케이스이다. 김용식 위원장의 삶 또한 대한민국 청년세대 사이에선 지탄받기 십상이던 보수정치에 스스로의 신념과 소신으로 뛰어들어 고군분투해온 우리 곁의 작지만 소중한 영웅이다.

김용식 위원장의 살아온 길 중에는 우선 군생할 역경을 이긴 이야기가 눈길을 끈다. 김용식 위원장은 대한민국 청년으로서 국방의 의무를 다하겠다는 자부심으로 군에 입대했으나 예기치 않았던 부상으로 역경을 맞게 된다. 우수 훈련병으로 사단장 표창을 받은 직후 신병교육대 조교로 차출되었고, 5개월 정도 지나 사격 훈련중 하반신이 마비되어 쓰러지게 되었는데, 엑스레이 상으로 문제를 발견하지 못한 사단 의무대에서는 꾀병을 의심해 부대 의무실에서 파스 한 장 붙여 눕혀둔 채로 방치되었다 한다. 연기인으로서 마음껏 무대를 누비겠다는 꿈을 가지고 있던 청년으로서 타인의 도움을 받거나 두 팔로 기어 간신히 화장실에나 갈 수 있는 모습이 너무 두려워 가족에게 알릴 수조차 없었다.

선임들의 오해와 괴롭힘 속에서도 간신히 마음을 다잡고 가족들에게 알렸고 서울의 대학병원에서 CT, MRI를 찍고 '요추분리증' 진단을 받았다. 부대에서는 국군수도병원에 보내 수술을 받고 전역하라고 권유했지만 군생활은 국가를 위해 할 수 있는 최고의 봉사라는 소신으로 진통제와 약을 복용하며 재활 치료를 받으면서 다른 조교들과 다름없이 조교로서의 업무를 완수했고 병장으로 만기 전역할 수 있었다.

김용식 위원장의 전역 후 삶은 요즘 청년세대의 선망의 대상인 연기활동과 창업으로 이어졌다. 대진대 연기전공 과정에 복학해 본격적으로 뮤지컬, 연극, 단편영화 등에서 배우로 활동하게 되었고, 영화감독 신태라 감독의 시나리오 공모전에서 1등을 수상하면서 대본, 시나리오를 쓰며 연출자로서도 활동하게 되었다. 졸업 후에도 꿈을 향해 끊임없이 영화사와 기획사에 프로필을 돌리며 오디션을 보았고 작은 배역부터 연기자로서의 꿈을 가꾸어 갔다.

졸업 후 2년 동안 배우로서 무대와 카메라 앞에 섰지만 틈틈이 국내 수위권 기획사의 뮤지컬 공연 기계 감독, 다양한 공연의 예술감독, 무대 조감독을 하며 프로 스탭의 길도 걸어나갔다. 그러던 그에게 연기를 접는 아픔이 찾아왔다. 함께 배우를 꿈꾸던 동료가 함께 무대 일을 하던 중 천장에서 떨어진 쇳덩어리로 인해 두개골이 함몰되고 생사를 오가다 중증장애인이 되었음에도 정규직이 아닌 프리랜서라는 이유로 수년간의 소송을 통해 간신히 치료비 정도만 받는 아픔을 함께 해야 했다. 거대 기획사와 예술계의 횡포 앞에서 아무 도움도 줄 수 없었다는 죄책감에 다시는 무대나 연예에 관련된 일을 하지 않겠다고 마음 먹고 창업의 길에 들어섰다.

ROTC로 임관한 쌍둥이 형이 군에서 월급을 모은 돈과 자신이 모아왔던 돈을 합쳐 상계동에 PC방을 차리게 되었고 금세 카페도 하나 차릴 수 있었다. 부지런히 일어나 아침 8시부터 새벽 1시까지 17시간 동안 일을 하면서 사업은 자리를 잡아갔고, 중국인 친구들과 화장품 사업을 진행하며 독창적인 아이디어로 스타트업에 도전했다. 대기업에 다니던 군대 훈련소 동기와 공동창업으로 사무실을 열고 상품개발을 하며 작지만 값진 수익과 실적을 차근차근 만들어 나가기 시작했다.

그가 정치에 관심을 갖게 된 것은 2016년 겨울 탄핵정국 태극기 집회였다. 막 피씨방과 카페, 창업 등 밤낮 없이 바쁘던 중 대통령 탄핵이라는 초유의 사태를 맞게 되었다. 그는 한국전쟁 참전용사이자 대전 초대 지방의원을 지낸 할아버지, 그리고 늘 자유와 민주의 가치를 강조하시던 아버지에 이르기까지 대를 이어온 보수 우파의 집안환경 속에서 자연스레 좌파의 선동적인 정치행태에 비판적인 입장을 갖고 있었다. 2016년 촛불시위에 부딪치면서 광우병 사태 당시 반미를 외치며 길거리에 나왔던 촛불의 선동이 겹쳐졌고 이래선 안되겠다는 신념으로 2016년 11월 촛불정국 당시로서는 언론에서조차 제대로 보도되지 않던 첫 태극기집회에 참여하게 되었다.

그는 광화문 현장에서 마치 광기에 휩싸인 듯이 휘몰아치던 촛불 시위의 어두운 면을 목격하고 분노했다. 토요일 알바생을 구해 일을 대신하게 하고 태극기집회에 참여하던 중 언론에서 평화적 시위라 칭송하던 촛불집회 참가자들이 경찰벽을 넘어 태극기 집회 어르신들의 태극기를 빼앗고 밀치며 폭행까지 서슴치 않는 모습을 목격했다. 바로 옆에 있던 취재진조차 외면하는 언론의 편향성에 분개했고 당시 상품개발을 함께하던 친구와 모든 사업일정을 취소하고 촛불 집회 현장과 태극기 집회 현장의 실상과 의혹들을 유튜브 영상으로 올리며 진실이 제대로 밝히자는 열정으로 활동을 시작했다.

2017년 3월 대통령 탄핵 이후 무력감으로 잠시 활동을 멈추었지만 그 후로도 끊임없이 제기되는 의혹들에 지속적인 관심을 가지면서 2018년 3월 1일 광화문 대규모 태극기집회에 쌍둥이 형 김정식 씨와 현재 28만명 넘는 구독자수의 대한민국청아대를 통해 사실상 정치활동을 시작했다.

김용식 씨는 시민사회단체에서 활동하시는 선후배들과 6.13 지방선거 서울시의원을 준비하는 후보를 알게 되었고, 국민에 외면 받던 자유한국당이 지방선거마저 지면 나라가 많이 어려워질 것이라는 생각으로 정치 참여를 결단했다. 주변의 만류에도 불구하고 가게를 처분하고 일체의 사업을 중단하면서 지방선거 사무원으로 시작한 선거운동은 어려운 상황이 계속되자 사무장과 회계책임자까지 캠프를 떠나는 바람에 선거사무장을 맡게 되었고 저와 함께 상품개발을 하던 친구에게 '컴퓨터 공학박사'라는 이유만으로 캠프의 선거회계책임자를 부탁하기까지 했다.

처음 겪어보는 선거에서 눈앞에서 나눠준 명함을 찢어 얼굴에 던지고, 재수 없다며 침을 뱉고 삿대질과 욕설을 하는 시민들에게 웃음으로 '죄송합니다. 잘하겠습니다.'라고 대응할 수밖에 없었다. 시장에서 소금과 뜨거운 물을 맞으면서도 밤 늦게 지지자들 곁으로 돌아와 마음을 푸는 하루하루를 보내야 했다. 결과는 예상보다 참혹했다. 전국이 민주당의 파란색으로 물든 개표방송을 보며 오히려 '이래서는 정말 안된다'는 굳은 결의가 솟구쳤고 함께했던 분들과 다음엔 절대 지지 않도록 더 열심히 앞장서야겠다고 다짐했다.

그러한 결단은 2018년 당시 자유한국당 청년정치캠퍼스Q 1기생 입문으로 이어졌다. 군생활의 역경을 이긴 이야기와 청년으로서 자유민주 대한민국을 생각하고 행동하는 제 모습이 우연히 알려졌던 이유도 있었다. 탄핵과 조기 대선, 그리고 6.13지방선거를 직후 국민들의 외면 속에서 저는 "이겨낼 수 없는 것은 없다. 쓰러져도 다시 일어날 수 있으리라 믿고 함께 열심히 해보자"는 자기 소개를 슬로건으로 자유한국당 청년정치인으로 본격적인 활동을 시작했다.

먼저 정치의 가장 중요한 입법과 관련해 '법'이 어렵게만 느껴지는 벽 때문에 국민들이 겪는 서러운 일들이 많이 있다는 현실에 주목했다. 자신이 카페를 개업할 때 금융사기를 당하고도 해결하기 힘들었고, 사고로 장애인이 된 대학 동기도 법을 이용해 빠져나가려는 대형회사에 속수무책으로 피해를 당했으며, 한때 몸담았던 예술계의 미투아 이로 인한 자살과도 같은 안타까운 사건들이 수면 위로 드러나며, 그 아래 곪아 터진 문제를 어떻게 해결할 것인가 하는 이슈에 주목했다. 문화예술인들만의 강압적이고 조직적인 갑질 문화 속에서 그들만의 노력으로는 고질적이고 뿌리 깊은 문제들을 해결할 수 없다는 생각이 들었다. 그렇다고 예술계의 독특한 생태계를 모르고, 보이는 현상만 긁어내는 법적 심판만으로도 문제를 해결하기는 어렵다는 현실에 하나하나 부딪쳐 가면서 문화예술계 현장의 깊은 곳에서 외치는 치열한 목소리에 귀를 기울이기 시작했고, 그 이면에 분쟁과 이해관계들을 법적 패러다임으로 연구하고 방지해보자는 일부터 시작했다.

청년 인재 몫으로 젊은 나이에 자유한국당 당협위원장으로 활동을 시작하면서 처음 가게를 운영하던 노원구로 돌아왔다. 태어나고 자란 도봉구와 인접한 지역이었고 도봉구에는 부모님과 가족들이 살고 있어 노원구는 고향이나 다름 없는 친근한 지역이었고 지역발전에 기여한다는 자신감도 있었다. 거듭된 선거 패배와 분당으로 탈당하거나 앞으로 선거운동에 발을 끊겠다는 당원들을 한분 한분 다시 모시며 인사드리고 설득해나갔다. 가게를 운영하며 알게 되었던 인맥들로 새로운 조직을 꾸리고 구의원들과 지역을 파고 들며 지역 민심을 경청했. 상계동은 서울에서 가장 낙후되고 소외된 지역이며 당고개가 있는 상계3·4동에는 여전히 연탄을 피우며 겨울이면 연탄봉사자들을 기다리시는 분들이 많다. 서울에서 손꼽히는 어려운 동네 상계동에서 늘 인기 없는 자유한국당이 냉엄한 현실이었지만 그곳에서 자유한국당을 새롭게 일으켜 세우고 싶었다.

하지만 김용식 씨의 꿈은 당내 공천과정에서 경기도당 남양주을 당협위원장으로 제21대 총선에 출마하게 되었고, 낙선 후 2020년 여의도연구원 전략기획위원으로 일했으며, 오세훈 서울시장 보궐선거에 국민의힘 서울특별시당 스마트서울 위원회 위원장으로 일했으며, 현재 국민의힘 서울특별시당 대변인으로 일하고 있다.

돌아온 최원일 함장, 부활하는 천안함 영웅들

　2019년 12월 17일 겨울비가 내리던 아침 해장국을 앞에 놓고 마주 앉았던 청년 영웅 전준영 씨. 그와의 첫 만남은 그동안 나름으로는 나라와 국민을 생각하며 정치활동을 해왔다고 믿어왔던 나를 깊은 참회와 반성에 잠기게 했다.

　"나는 도대체 이들의 헌신과 희생에 무엇으로 보답했는가?"

　부끄럽고 참담했다. 2010년 천안함 피격 이후 그저 46용사를 추모하고 잠시 생존자들을 기억하는 정도로 나또한 여느 정치인처럼 그렇게 이들을 멀리서 바라보고만 있지는 않았는가? 더 이상 이래서는 안된다고 결심했고 전준영 씨를 비롯한 천안함 생존자들의 예우와 명예를 회복하는데 앞장서야겠다고 굳게 마음 먹고는 실천에 옮기기 시작했다.

　우선 내가 일하고 있는 국회에서 입법과 정책으로 천안함 46용사와 58명의 생존자, 아니 가까이는 목함지뢰와 K=9 자주포 폭발사고로 고통 받는 청년장병들에서부터 연평도 포격과 제1,2연평해전의 전사자와 유공자, 그리고 유족 분들에 이르기까지 그 숭고한 유업을 기리고 정당한 예우를 받도록 해야겠다는 각오로 나아가기 시작했다. 새삼 되돌아보는 우리 보훈정책과 국가유공자를 향한 예우와 보상은 부끄러울 정도로 열악하고 방치상태에 놓여 있다 해도 과언이 아니라는 사실을 새삼 깨닫는 계기가 되었다. 나아가 한국전쟁 이후 북한의 공격과 도발에 맞서 싸운 수많은 용사들이 아직도 고통 받고 있고 제대로 된 보상과 예우를 받지 못하고 있는 비참한 현실을 지금부터라도 바꾸어야겠다는 신념으로 보훈정책 혁신을 위한 국회 세미나부터 시작했다.

2020년 2월 12일 '국군의 권익과 보훈, 혁신 방향과 과제'로 시작한 국회 세미나는 총선을 지나 제21대 국회 개원과 함께 두 번째 '보훈부 승격과 유공자 및 공사상자 처우개선 정책과제' 국회세미나, 그리고 11월 11일 세 번째 '국가유공자 지정과 PTSD 개선 정책과제' 국회세미나로 이어갔다. 내가 주관하는 행사에서는 행사의 주역인 천안함 용사들과 유족들을 앞 자리

2020년 6월 국회세미나가 끝나고 전준영 천안함예비역생존자 전우회장으로부터 책 한 권을 선물 받았다. 『살아 남은 자의 눈물』(전준영 지음, 기획출판 오름, 2020년 6월)이었다.

에 모시도록 하고 기념사진 촬영할 때에도 이 분들을 앞에 모시곤 한다.

    2020년 6월 전준영 회장이 역경을 이겨내며 천안함 용사들의 명예회복을 위한 삶의 여정을 담은 책 『살아 남은 자의 눈물』(기획출판 오름, 2020년 6월)을 보내왔다. 전준영 씨의 삶과 꿈은 내게 보훈정책 혁신의 소신을 일깨워준 고마운 계기가 되었다.

    2010년 현충일에 처음 만나 첫 딸과 둘째 딸을 낳아 기르며 살던 저희 부부는 언약식만으로 함께한 지 만 5년이 되던 2016년 6월 5일 결혼식을 올렸습니다. 저 혼자만의 결혼식이 아니라 모든 천안함 전우들과 함께 한 결혼식이었습니다. 주례는 제가 전역할 때 약속해 주셨던 대로 함장님께서 서주셨습니다.

    천안함 유가족분들도 오랜 친지 분들처럼 많이들 오셔서 진심 어

지난 2020년 6월 19일 제21대 국회 첫 보훈정책 세미나 기념촬영 사진. 사소한 의전이지만 천안함 생존자들과 유족분들이 행사의 중심이 되어야 한다는 소신으로 앞자리에 서도록 배려했다.(사진 심상협)

린 축하를 해주셨습니다. 주례를 서주신 함장님께서는 천안함 전사자들의 이름을 한 명 한 명 부른 후 "하늘나라에서도 신랑, 신부 축하해줘라"고 눈물로 명령하셨습니다. 저도, 아내도, 양가 부모님 도, 유가족분들을 비롯한 모든 하객 분들도 울음을 터뜨렸고, 결혼식장은 눈물바다가 되었습니다. 눈물로 뿌옇게 흐려진 제 시야 속에는 바다에서 돌아오지 못했거나 국립현충원에 묻힌 전우들의 모습이 하객들 사이로 어른거리는 것만 같았습니다.

– 전준영 지음, 『살아 남은 자의 눈물』(기획출판 오름, 2020년 6월) 71쪽.

전준영 회장의 책을 눈물과 참회의 마음으로 읽어 내려가면서 그의 결혼식 장면에서 오래 눈길이 머물렀다. 꼭 뵙고 싶은 분이 있었다. 전준영 씨 부부의 결혼식 주례를 섰던 최원일 천안함 함장. 2020년 국회세미나 당시에는 현역 해군 중령으로 복무하고 있었고 만날 수 없었다. 최원일 대령은 천안함 11주기를 한달 앞둔 2021년 2월 28일 전역했고 곧바로 만나뵐 수 있었다. 나또한 육군 장교로서 군복무를 했던 입장이었지만 지난 11년 그가 겪었을 고통과 회한의 시간들을 어떻게 위로할 수 있을지 아득하기만 했다. 최원일 함장은 과묵했지만 자신이 앞으로 해야 할 일들을 분명하게 밝혔고 천안함 생존자 전우들과 함께 묵묵히 천안함 영웅들과 생존자들의 명예회복과 국가유공자 지정을 비롯한 정당한 예우와 보상의 길을 열어가고 있다.

최원일 함장은 천안함 용사들의 명예를 훼손하거나 폄훼하려는 일부 몰지각한 행태에 맞서기도 하고 보훈제도의 사각지대에서 전사한 부하 전우의 부인마저 암투병으로 사망한 자녀를 위한 모금에도 앞장서기도 하며, 전국 곳곳 천안함 용사들의 흉상제막식을 찾아 유지를 기리기도 한다. 또한 우리 보훈제도와 국가유공자 제도의 사각지대에서 여전히 고통받고 있고는 생존자 전우들의 국가유공자 지정과 정당한 예우와 보상을 위한 법제도 개선에도 앞장서고 있다.

최원일 함장을 비롯한 천안함 46용사와 58명의 생존자 용사들을 생각하면 떠오르는 영화 한편이 있다. 실화를 바탕으로 제작된 다큐멘터리 형식의 '챈시 일병의 귀환(Taking Chance, 2009)'이란 미국 영화다. 2004년 이라크 전쟁에서 차량 호송작전 중 전사한 미합중국 해병대 챈스 펠프스 일병의 유해 호송에 자원했던 마이클 스트로블 미해병대 중령이 1주일 동안 경험한 기록을 그대로 영화화한 '챈시 일병의 귀환'은 미국 국민들이 전쟁 영웅을 어떻게 예우하고 존중하는지를 보여 준다.

영화에서 1주일 동안 마이클 스트로블 미해병대 중령이 만나는 모든 미국 국민들은 중령이 호송하는 챈스 펠프스 일병의 유해에 최고의 경의와 진심 어린 경의로 애도를 표한다. 이라크 전에서 전사한 친구를 그리워하며 전사자 운구 담당 운전기사 일을 하고 있는 청년, 중년의 항공사 여직원, 잠시 마주친 어린이들, 공항에서 유해 탑승과 하차를 맡은 인부들, 평범한 비즈니

전준영 회장과의 만남 이후 가장 뵙고 싶었던 최원일 전 천안함 함장. 천안함 11주기를 한달 앞둔 2021년 2월 28일 전역과 동시에 국립대전현충원 천안함 46용사 묘역 참배로 사회생활의 첫발을 내디뎠고 직후 만나뵐 수 있었다.(사진은 최원일 예비역 대령 페이스북 제공).

스맨과 젊은 여성, 십자가를 유족에게 전달해달라고 전하는 스튜어디스, 중간 기착지에서 만난 전사자 운구중이던 육군 부사관, 나이든 전직 공군 조종사 출신의 항공기 기장, 챈스를 뽑았던 모병관과 챈스가 죽을 때 옆에 있었던 선임 병사, 그리고 챈스가 살던 마을의 한국전쟁 참전 제1해병사단 출신 동네 할아버지 등은 모두 챈스 펠프스 일병에게 영웅의 예우로 경의를 표하거나 전달한다.

챈스 펠프스 일병의 고향 마을로 가는 도로에서는 운구차라는 것을 확인한 트럭은 선도 차량으로 호송하고, 뒤까르는 모든 차량들은 라이트를 켜고 조의를 표하기도 한다.

아이러니컬하게도 이 영화가 우리나라에 소개된 것은 천안함 피격 사건이 계기였다. 천안함 피격 한달째이던 2010년 4월 26일 KBS 1TV에서 긴급 편성하여 천안함 추모 특선영화로 방영하였고, 2개월 후인 6월 6일에는 현충일 특선영화로 KBS 2TV에서 한 번 더 방영했다.

그러나 당시 천안함 46용사들과 생존자들은 이 영화와는 딴판으로 온갖 음해와 의혹을 앞세운 공세에 시달려야 했고 외상후스트레스장애와도 같은 생존자들의 고통과 상처는 외면한 채 이들을 음지로 몰아 넣었다. 이에 맞서 싸운 것은 외상후스트레스장애의 고통 속에서도 용기 있게 맞서 싸운 전준영 천안함생존자예비역전우회장이었다.

대표적인 음해 사례는 '천안함 프로젝트'라는 천안함 음모론에 초점을 맞춘 영화(2013년)와 공영방송 KBS의 추적60분 '8년만의 공개 천안함 보고서의 진실'(2018년)이었고 이러한 어처구니 없는 행태는 문재인 정부의 대통령소속 군사망사고진상규명위원회 진정 번복으로까지 여전히 천안함 용사들의 명예를 침해하고 실정이다.

최원일 함장을 비롯한 천안함 유족들과 생존자들은 아직도 이러한 음해와 공세에 맞서야 하는 현실은 하루속히 바로잡아야 한다. 최원일 함장은 지난 2021년 6월 15일 MBC 피디수첩에서 그동안 '패잔병', '경계실패' 등의 음해를 바로잡는 국방부장관과 합참을 비롯한 군수뇌부의 '정보실패' 확인 문건과 증언으로 천안함 용사들의 명예회복을 명백히 확인해주었다.

천안함 피격 직전 당시 김종태 기무사령관은 '수중침투 관련'으로 추정되는 사전징후를 국방부와 합참에 보고했으나 이를 예하부대에 하달하지도 않았고 적극적인 조치도 없었으며, 문건조차 폐기되었다는 사실이 공개됐다. 최원일 함장은 지난 11년 동안 이 문건을 입수해 가지고 있었고 관련 기록을 모두 비망록으로 기록하면서 천안함 용사들의 명예회복을 준비해왔고 전역하면서 동시에 실행에 옮긴 것이다.

지난 11월 9일 '천안함'으로 명명된 신형 호위함 진수식이 열렸으나 최원일 함장과 생존자는 전원 참석하지 않았다. 천안함 음모론 콘텐츠에 대한 방송통신심의위원회의 '문제없음' 결정에 대한 항의였다. 최원일 함장은 당일 천암함 전사자 고 민평기 상사 형 민광기씨와 함께 평택 해군2함대의 옛 천안함 선체를 찾았다.

천안함 용사들에 대한 정부의 이중적이고도 불확실한 태도는 비단 방송통신위원회 뿐만이 아니라 대통령소속 군사망사고진상규명위원회의 이해할 수 없는 행태, 또 최원일 함장 명예훼손 사건에 대한 경찰의 무혐의 결정과도 같은 사태로 이어지고 있다.

경찰의 무혐의 처분 이유는 "천안함 침몰 사건으로 여러 가설과 논쟁이 진행되고 있는 만큼 허위사실로 인식했다고 단정지을 수 없다"라고 밝혔고, 이 소식을 들은 직후 행정안전위원회 국정감사에서 경찰 수뇌부에 광진경찰서의 몰상식한 판단을 바로잡을 것을 강력히 전달했다.

최원일 함장은 전역과 동시에 국방부와 합참을 비롯한 군이 마땅히 했어야 할 일들로부터 국가보훈처가 해야 할 일들에 이르기까지 온몸으로 해내고 있다. 죄송스럽고 국회에서 더 용기를 내어 도와야겠다는 다짐으로 응원을 보낸다.

비록 아직은 멀고도 험난한 길이겠지만 늘 최원일 함장 곁에서 국회에서 할 일을 찾아 하겠다는 각오로 전준영 회장이 자신의 책에 쓴 한 구절을 소명으로 가슴에 새긴다.

'죽은 자의 명예'가 자랑스럽고, '살아 남은 자의 눈물'이 부끄럽지 않은 대한민국을 만들고 싶습니다.

나아가 최원일 함장과 천안함 용사들, 그리고 생존자들의 여정이 대한민국의 모든 청년장병들의 권익을 높이고 보훈정책과 제도를 선진화하는 길을 열어가기를 함께 소망한다. 이제 곧 다가오는 2022년 대통령 선거와 동시지방선거는 그 갈림길이라는 다짐이다.

내년 대통령 선거에는 가장 우선적으로 천안함 용사들을 비롯하여 대한민국을 위해 희생하고 헌신한 청년장병들은 물론 우리 사회의 안전에 기여한 경찰, 소방관을 비롯한 공직자들 나아가 의로운 행동으로 죽거나 다친 의사상자 모든 분들께 정당한 예우와 보상을 줄 수 있도록 해야 한다.

오늘 우리 앞에는 87레짐을 넘어 포스트코로나와 플랫폼 시대로 변화해야 할 새로운 동력이 필요하다. 지난 2년여 동안 코로나19와 'K-방역'에 헌신하고 있는 영웅들이 우리 곁에 있다. 그러나 전문성을 믿고 지원해주어야 할 정부는 때때로 정치논리나 눈 앞의 인기에 영합해 이들 코로나19 현장의 영웅들을 어렵게 하고 국민들의 생업과 경제상황까지 힘들게 하고 있다. 코로나19를 이겨내는 'K-방역'의 동력은 메르스를 겪으면서 뼈를 깎는 헌신과 희생으로 국가방역체계를 혁신한 보건의료 전문가들의 땀과 열정이 있음을 기억해야 한다.

오늘 국민합의와 공론화, 또는 법제도 개정 하나 없이 밀어부쳐 무너지고 있는 원자력 산업의 역사 속에는 수많은 연구진과 기술자들의 숨은 땀과 노고가 있었음을 또한 기억해야 한다. 수많은 영웅들이 쌓은 금자탑을 무너뜨린 '탈원전' 정책의 문제점을 냉철히 돌아보고 공론과 국민합의로 에너지 정책의 미래를 되살려야 한다.

나아가 오늘 우리 앞에 다가오는 포스트코로나와 플랫폼 사회를 향해 주목하고 개선해야 할 정책과제 또한 서둘러야 할 우리 정치와 정책의 사명이다.

제2부

한국정치의 앙샹레짐에 고통받는 영웅들

제1장 코로나19와 'K-방역' 영웅들의 고통

　2021년 대한민국은 장기화되고 있는 코로나19 속에서 포스트코로나에 대비해야 하는 긴박한 상황에 직면하고 있다. 'K-방역'이라는 별칭으로 세계의 주목을 받는 동시에 한편으로 정무적으로는 초기부터 지금까지도 혼선을 빚으면서 지속적으로 보완하고 개선해야 할 문제점들을 노출하고 있다. 코로나19 초기 온 국민의 희망이자 문재인 정부가 자신들의 공인 것처럼 치켜세웠던 'K-방역'부터 반성적으로 성찰해보자.
　코로나가 한창 확산 일로에 있던 지난 5월 29일 서울대학교 코로나연구네트워크(SNUCRN)와 코이카(KOICA) 공동 주관으로 '코로나19, 글로벌 영향과 대안적 전망'이란 주제로 세미나가 열렸다. 중심적인 역할을 한 서울대학교 아시아연구소는 지난 2월 코로나19 긴급좌담회 개최를 시작으로, 코이카와 함께 4월 '재난 거버넌스의 형성과 전망', 5월 '집단감염과 아시아·아프

리카의 대응에 관한 학술회의'를 개최했고, 이들 세 차례 학술회의의 성과를 기반으로 '코로나19, 글로벌 영향과 대안적 전망'이라는 주제의 학술회의를 개최했다.

코로나19 'K-방역' 2015 메르스 백서'의 숨은 영웅들

'K-방역'의 성공적인 요인들에 대한 평가는 2부 대안적 전망을 논의하는 '공공성과 위험 거버넌스'라는 이재열 교수의 발제에서 제시되었다. 이재열 교수는 '공공성'의 관점에서 최근 한국 사회를 뒤흔든 재난들을 네 가지 유형으로 분류하고 원인과 사후 피드백 과정을 분석하고 평가하면서 2016년 발간된 『2015 메르스 백서-메르스로부터 교훈을 얻다』에 주목했다.

이재열 교수는 'K-방역'의 성공 비결을 조직학습에서 찾아 제시했고 『2015 메르스 백서-메르스로부터 교훈을 얻다』를 근거로 제시했다. 조직학습은 재난의 사후관리에 있어 학습을 통해서 무엇을 어떻게 변화시킬 것인가 하는 관점에서 발전적인 경향이다. 그동안 재난이 일어나면 내부화하는 경우가 대부분이었다.

내부화란 원인을 내부의 문제로 보고 책임 소재를 따지고, 책임자를 찾아서 징계를 하고, 내부 결속을 통해 재난 재발을 방지하겠다는 이른바 '결의대회'와도 같은 방향으로 진행된다. 다음 과정은 조직을 바꾸는 과정을 밟는다. 실제로 행정안전부의 연혁을 되짚어 보면 대형 재난이나 사고를 계기로 조직을 개편하거나 분리, 또는 통합한 경우가 많았다.

2012년 박근혜 정부 출범 직후 국민안전을 강화한다는 명분으로 부처 명칭을 안전행정부로 바꾸었으나 실질적인 기능이나 조직은 크게 변하지 않았다. 안전행정부는 2014년 4월 대형 사회적 재난이던 세월호 사고를 겪으면서 국민안전처와 행정자치부로 분리 개편되었다. 문재인 정부가 들어선 직후 2017년 7월 정부조직개편에서 다시 행정안전부로 돌아왔다. 그러나 아직도 상시적이고 통합적인 국가재난 대응 기구는 없다.

이재열 교수는 세월호 사고 분석을 예로 들면서 가장 큰 문제점을 공공성의 결여에서 찾는 동시에 과거의 재난으로부터 제대로 학습하지 못하고 반복되거나 오히려 숙성형 재난으로 키운다는 문제점을 지적하고 있다. 더구나 세월호는 정쟁에 휘말려 메르스의 경우와 같이 제대로 된 외부화와 사후 학습과정이 결여되었다.

비슷한 사례로 1993년 발생했던 위도 페리호 침몰사건은 2014년 세월호 사고로 판박이처럼 반복되다시피 했고, 2008년 1월 일어난 이천 냉동창고 화재와 같은 해 이천시 마장면 물류창고 화재는 12년이 지난 2020년 이천 물류센터 공사장 화재로 원인과 사고 유형에 있어 유사하게 반복되면서 오히려 재난을 키우고 있다는 비판을 받았다.

지난 2020년 5월 28일 이재열 교수가 '공공성과 위험 거버넌스'라는 발제에서 제시한 『2015 메르스 백서-메르스로부터 교훈을 얻다』의 국가방역체계 개편방안. 메르스를 교훈으로 개편된 실질적이고 구체적인 국가방역체계는 2018난 2차 메르스 사태를 단 1명의 확진자에서 차단하는 효과를 거두었고 코로나19가 발발하자 주저 없이 가동되면서 'K-방역'의 성공을 이끌었다는 평가를 받고 있다.

2016년 7월 29일 '메르스로부터 교훈을 얻다'라는 부제 아래 발간된 『2015 메르스 백서-메르스로부터 교훈을 얻다』(왼쪽)와 2018년 9월 제2차 메르스 사태 이후 발행된 『2018 메르스 중앙방역대책본부 백서』(오른쪽). 두 백서에서 국가방역체계 개편의 구체적이고도 실체적인 과정을 확인할 수 있다.

메르스 실패를 혁신의 계기로 바꾼 국가방역체계 개편

하지만 메르스의 학습과정은 달랐다. 지금까지 대부분 재난의 학습과정이 내부화되면서 근본적인 문제점을 혁신하는데 실패했지만『2015 메르스 백서-메르스로부터 교훈을 얻다』에 나타난 학습과정은 외부로 문제점을 드러내고 감사원 감사 결과를 비롯, 보건의료 현장의 다양한 기록과 시민사회단체의 백서까지 수렴하는 과정을 거치면서 공개적으로 모든 비판과 질책을 수용하는 과정을 통해 전면적인 국가방역체계 개편이라는 새로운 모델을 정립했다.

산 증인이 바로 'K-방역'의 주역으로 코로나19 대응에 있어서도 국민들의 관심을 모으고 있는 정은경 질병관리청장이다. 정은경 청장은 메르스 당시 질병관리본부 질병예방센터 센터장으로 징계를 받았으나 2016년 1월부터 질병관리본부 긴급상황센터 센터장, 그리고 2017년 7월 질병관리본부 본부장으로서 지금까지 방역현장에서 코로나19 대응을 총괄하고 있다.

많은 사람들이 잊고 있지만 'K-방역' 성공은 코로나19 이전에 이미 준비되고 있었다. 2018년 9월 8일, 쿠웨이트로 출장을 다녀온 61세 남성이 메르스 확진 판정을 받으면서 다시 한 번 시험대에 오른 국가방역체계는 단 1명의 확진자로 확산 차단에 성공했고 다시『2018 메르스 중앙방역대책본부 백서』가 발간되었다. 정은경 당시 질병관리본부장의 발간사는 코로나19

의 'K-방역' 국가방역체계가 어떻게 이루어졌는지를 한 눈에 확인하게 알 수 있게 해준다.

3년 전인 2015년 메르스 대응 경험은 2018년 국내에 유입된 메르스(MERS)를 대응하는 씨앗이었습니다. 그 씨앗은 국가방역체계의 개편으로 뿌리를 내리고 있으며 중앙정부, 시도보건소, 유관기관, 의료기관, 국민의 참여로 결실을 맺고 있습니다.

2015년 메르스 국내 유행 이후 우리나라는 메르스와 같은 신종감염병 유입 및 차단 및 조기발견, 지역사회 확산 방지를 위해 국가방역체계개편 및 의료 환경 개선을 큰 축으로 48개 과제를 마련하여 추진하였습니다. 이를 바탕으로 2018년 메르스 의심환자가 의료기관을 방문하였을 때 의료진은 발 빠르게 환자를 격리한 뒤 신고하고, 시도 및 보건소는 체계적이고 신속하게 대응하였으며, 질병관리본부 긴급 상황실은 24시간 콘트롤타워 역할을 수행하였습니다. 확진 확인 후 질병관리본부는 감염병 재난 위기관리 표준매뉴얼에 따라 중앙방역대책본부를 신속히 구성하고 행정안전부, 법무부, 외교부, 경찰청 등 유관기관과 지자체, 의료계와 긴밀히 협력하여 지역사회 추가전파를 막았습니다. 개정된 감염병 예방 및 관리에 관한 법률은 적극적 역학조사 및 대응을 가능하게 했고, 의료 환경 개선, 국가지정 입원치료병상 확대 또한 추가환자 발생을 차단하는데 기여했다고 생각합니다. 더불어 확진자 발생상황 및 이동경로, 정부의 대처 등을 상세히 알리면서, 국민소통과 홍보를 위해 1339 감염병 콜센

발간사

3년 전인 2015년 메르스 대응 경험은 2018년 국내에 유입된 메르스(MERS)를 대응하는 씨앗이었습니다. 그 씨앗은 국가방역체계의 개편으로 뿌리를 내리고 있으며 중앙정부, 시·도 및 보건소, 유관기관, 의료기관, 국민의 참여로 결실을 맺고 있습니다.

2015년 메르스 국내 유행 이후 우리나라는 메르스와 같은 신종감염병 유입 차단 및 조기발견, 지역사회 확산 방지를 위해 국가방역체계 개편 및 의료환경 개선을 큰 축으로 48개 과제를 마련하여 추진하였습니다. 이를 바탕으로 2018년 메르스 의심환자가 의료기관을 방문하였을 때 의료진은 발 빠르게 환자를 격리한 뒤 신고하고, 시·도 및 보건소는 체계적이고 신속하게 대응하였으며, 질병관리본부 긴급상황실은 24시간 컨트롤타워 역할을 수행하였습니다. 확진결과 확인 후 질병관리본부는 감염병재난 위기관리 표준매뉴얼에 따라 중앙방역대책본부를 신속히 구성하고 행정안전부, 법무부, 외교부, 경찰청 등 유관기관과 지자체, 의료계와 긴밀히 협력하여 지역사회 추가전파를 막았습니다. 개정된 감염병 예방 및 관리에 관한 법률은 적극적 역학조사 및 대응을 가능하게 했고, 의료환경 개선, 국가지정 입원치료병상 확대 또한 추가환자 발생을 차단하는데 기여했다고 생각합니다. 더불어, 확진자 발생 상황 및 이동경로, 정부의 대처 등을 상세히 알리면서, 국민 소통과 홍보를 위해 1339 감염병 콜센터 및 위기소통전담팀을 운영하여 국민의 불안감을 최소화하기 위해 노력하였습니다.

그 결과 추가환자 발생 없이 메르스 발생을 종식시킬 수 있었습니다. 세계보건기구(WHO)는 2018년 이루어졌던 우리나라의 메르스 대응에 대해 '한국정부의 신속한 대응, 세계보건기구(WHO) 및 일반 대중과의 정보공유, 관련기관의 포괄적 조치에 대해 모범적이고 찬사를 받을 만하다'고 평가하였으며, 나아가 대한민국의 신종감염병 대응체계를 타 국가에 모범사례로 소개하였습니다.

『2018 메르스 중앙방역대책본부 백서』 발간 당시 정은경 질병관리본부장의 발간사. 우리의 국가방역체계는 이미 2차례의 메르스 대응을 통해 'k-방역'의 우수성을 who 로부터 공인 받았음을 확인할 수 있다.

터 및 위기소통전담팀을 운영하여 국민의 불안감을 최소화하기 위해 노력하였습니다.

그 결과 추가환자 발생 없이 메르스 발생을 종식시킬 수 있었습니다. 세계보건기구(WHO)는 2018년 이루어졌던 우리나라의 메르스 대응에 대해 '한국정부의 신속한 대응, 세계보건기구(WHO) 및 일반 대중과의 정보공유, 관련기관의 포괄적 조치에 대해 모범적이고 찬사를 받을 만하다'고 평가하였으며, 나아가 대한민국의 신종감염병 대응체계를 타 국가의 모범사례로 소개하였습니다.

- 정은경 질병관리청장, 2019년 11월 당시 질병관리본부장
『2018 메르스 중앙방역대책본부 백서』 발간사

『2018 메르스 중앙방역대책본부 백서』에서 구체적으로 확인할 수 있는 국가방역체계 개편 과정의 핵심적인 사안들을 요약하면 다음과 같다. 특히 주목해야 할 점은 부족한 점도 있으나 공공의료체계와 국가방역체계에 있어 보건의료 전문 인력의 역할과 시스템이 끊임없이 제도화되고 법제도 개선을 통해 혁신을 이루어왔다는 사실이다.

2015년 5월 국내에 처음으로 메르스 환자가 유입되어 의료기관을 중심으로 유행하면서 186명의 환자가 발생하고, 환자 중 38명이 사망하는 등 우리사회에 큰 충격을 주었다. 이에 정부는 메르스 유행 당시 대응과정의 문제점을 개선하기 위해

2015년 9월 「국가방역체계 개편방안」을 발표하였다. 개편방안은 '유입차단 및 초기대응', '유행확산 시 총력동원', '거버넌스 개편', '병원 감염방지 의료 환경' 등 4개 영역의 48개 추진과제로 구성되어 있으며, 대부분의 과제를 조기에 이행 완료하여 2018년 메르스 국내 유입시 추가 환자 발생을 막는데 큰 동력이 되었다.

신종감염병의 '유입차단 및 초기대응'을 위해 질병관리본부에 신종감염병을 24시간 상시 대응하는 긴급상황실을 2016년 1월부터 설치 운영했다. 또한 신종감염병 발생 등 공중보건 위기시 현장을 즉시 통제하는 민관 합동 즉각대응팀을 구성하고, 「감염병의 예방 및 관리에 관한 법(이하 감염병예방법)」을 개정하여 중앙정부(30명)와 시도(시도당 2명)에 역학조사관을 의무적으로 두도록 하는 등 신종감염병 대응을 위한 즉각 대응체계를 구축하였다. 이와 함께 신종감염병 위험국가 방문자 입국 시 전수검역을 실시하고, 입국자를 대상으로 감염병 신고안내 문자를 전송하고, 의료기관에 입국자 정보를 공유하는 등 스마트검역시스템을 구축하였다.

신종감염병 '유행확산시 총력동원'을 위해 국가지정 입원치료병상을 2015년 당시 118개 음압병상(19개소)에서 2019년 현재 198개 음압병상(29개소)으로 확충하고, 2016년 6월 감염병예방법 개정을 통해 중앙 및 권역 감염병 전문병원 지정제도를 도입하는 등 감염병 진료 시설 인프라를 확충하고 있다. 또한, 시도에서 감염병 유행시 접촉자를 격리시킬 수 있는 격리시설을 지정하도록 하여 총 18개의 접촉자 격리시설을 확보하고, 감염병관리통합정보지원시스템을 구축하여 환자 및 접촉자 관리체계를 마련하였다. 이와 함께 시도 보건환경연구원 등 지자체 실험실에 신종감염병 유입시 진단에 필요한 의료기기 및 시약 등을 신속하게 도입하여 진단역량을 강화하고, 질병관리본부에서 모두 검사하였던 신종감염병을 시도 보건환경연구원에서도 검사가 가능하도록 검사체계를 개선하여 신종감염병을 신속하게 진단할 수 있는 체계를 마련하였다.

한걸음 나아가 신종감염병의 효과적 대응을 위해 '거버넌스 개편'을 추진하여 질병관리본부를 차관급으로 격상하고, 감염병 위기단계와 관계없이 질병관리본부장이 방역을 지휘하도록 위기관리 표준매뉴얼을 개정(2016년 6월)하고, 감염병 위기관리대책을 수립(12월)하였다. 또한 환자의 이동경로, 이동수단, 진료 의료기관 및 접촉자 현황 등 신종감염병 방역을 위해 필요한 정보공개의 법적 근거를 마련하기 위해 감염병예방법 시행규칙을 개정하였고, 시도 및 시군구 보건소의 감염병 대응 인력을 360여명 이상 증원하여 지방자치단체의 감염병 대응체계를 강화하였다.

또한 2015년 메르스 유행과 같이 의료기관 내에서의 신종감염병 전파를 막기 위해 '의료환경 개선'을 추진하였다. 감염병 의심환자의 선별진료 및 격리진료시설을 확보하고, 응급실 출입통제를 강화하며, 24시간을 초과하여 응급실에 체류하는 것을 제한하도록 응급의료법을 개정(2016년 12월)했다. 의료법 시행규칙을 개정하여 입원병실을 6인실에서 4인실 위주로 개편하고, 의료기관 시설기준을 강화하여 음압격리병실을 확보하고, 병상면적 및 병상 간 거리를 조정했다. 감염관리실 설치 대상 병원을 중환자실을 보유한 200병상 이상의 병원에서 150병상 이상 병원으로 확대하고, 감염관리실의 근무 인력요건도 차등화하였다. 이와 함께 건강보험에 감염예방관리료를 신설(2016년 9월)하고, 감염예방을 위한 치료재료를 별도 보상하며, 의료기관 평가 내용 중 감염관리 영역을 강화하는 등 의료기관의 감염관리 보상체계와 평가를 강화하였다. 또한, 의료계, 환자, 시민사회단체 등과 함께 '병문안 개선 권고문'을 마련하는 등 불필요한 의료기관 방문으로 인한 감염을 막기 위한 대국민 인식개선 캠페인을 전개하였다.

정부는 「국가방역체계 개편방안」의 이행상황을 평가하고 우리나라의 공중보건위기 대비·대응체계에 대한 객관적인 점검을 위해 2017년 세계보건기구(이하 WHO) 합동외부평가(Joint External Evaluaition)을 실시하였다. 평가 결과, 전체 48개 분야 중 29개 분야에서 만점을 받는 등 대한민국이 메르스 유행의 경험을 교훈삼아 국가방역체계 개편을 통해 공중보건위기상황에 대한 대응태세를 재정비하였다는 평가를 받았다.

– 『2015 메르스 백서–메르스로부터 교훈을 얻다』, 18~19쪽

꼼꼼히 살펴보면 오늘 우리의 코로나19 'K-방역' 매뉴얼을 비롯한 방역체계가 어디에서 왔고 어떻게 마련되었는지 한눈

에 확인할 수 있다. 우리는 이미 코로나19 이전에 신종감염병에 즉각적이고 신속하게 대응할 수 있는 시스템을 메르스의 교훈으로부터 확보하고 있었다.

『2015 메르스 백서-메르스로부터 교훈을 얻다』와 『2018 메르스 중앙방역대책본부 백서』를 꼼꼼히 살펴보면 거시적인 국가방역체계에서부터 유관기관, 민간의료기관, 그리고 국민 개개인에 이르기까지 현재 'K-방역'의 국가방역체계가 하루아침에 이루어진 것이 아니라 수많은 개개인의 작은 영웅들이 징계와도 같은 희생 속에서도 문제를 내부화하거나 형식적인 혁신에 그치지 않고, 부단한 조직내부의 자기성찰과 함께 뼈를 깎는 혁신에 도전해왔다는 사실을 확인할 수 있다. 또한 코로나19 대응에서 보듯이 보건의료 전문 인력의 헌신적이고 자발적인 자원봉사, 국민 개개인의 능동적인 방역수칙 준수와 실천이 맞물림으로써 'K-방역' 모델로의 혁신이 가능했다고 할 수 있다.

2017년 WHO 평가, 'K-방역'의 우수성 공인

그러한 과정을 통해 이미 코로나19 이전인 2017년 세계보건기구(WHO) 합동외부평가(Joint External Evaluaition) 결과, 전체 48개 분야 중 29개 분야에서 만점을 받는 등 대한민국이 국가 방역체계 개편을 통한 공중보건위기상황 대응의 모범적인 나라로 평가 받았고, 2018년 2차 메르스 대응으로 이를 입증하면서 세계보건기구(WHO)는 '한국 정부의 신속한 대응, 세계보건기구(WHO) 및 일반 대중과의 정보공유, 관련기관의 포괄적 조치에 대해 모범적이고 찬사를 받을 만하다'는 평가와 함께 대한민국의 신종감염병 대응체계를 타 국가의 모범사례로 소개되는 성과를 이루었다.

우리 정부부처를 비롯한 공공부분의 백서 발간체계는 정착되어 있다. 여기서 주목해야 할 것은 국가공공의료체계와 국가방역체계의 주된 역할을 담당하는 인력의 전문성이다. 질병관리청만 하더라도 2004년 국립보건원에서 국립보건연구원과 13개 국립검역소를 소속기관으로 하여 질병관리본부로 확대 개편되면서 많은 보건의료 전문 인력이 충원되었고, 그들이 현재까지 코로나19 대응의 주역으로 이어오고 있다는 점에 주목해야 한다. 질병관리본부 확대 개편 이후 발생했던 신종플루, 가습기 살균제 사고, 1,2차 메르스 등과 같은 대형 질병재난과 보건의료 관련 사회적 재난을 경험하면서 백서를 통해 끊임없이 문제를 외부화하여 검증하고 조직개편과 인력충원을 비롯한 대안 모색에 노력했던 것이다.

실제로 2004년 질병관리본부로 확대 개편 이후 메르스로 2015년과 2016년 합본호를 발간했던 경우를 제외하고 매년 '질병관리백서'를 발간해왔고, 신종플루, 가습기 살균제 사고 등과 같은 사안이 터졌을 때에도 백서 발간을 통해 공공부문의 역할을 성찰하고 발전적인 방향을 모색해왔다는 사실을 확인할 수 있다.

그러나 낮은 공공성의 문제와 정부를 중심으로 한 범부처 차원의 통합적인 재난관리 분야는 여전히 불안한 요소로 남아 있다. 코로나19 발발 초기 정치적 이해에 흔들려 확산 위기를 경험했던 사실이나 지금까지도 경제를 비롯한 국민여론의 향방을 쫓아 우왕좌왕하는 경우가 이러한 위기를 입증한다.

이재열 교수는 이러한 문제를 '뉴노멀(New Normal)' 시대의 '디커플링(Decoupling)'이라는 개념으로 지적한다. 일반적으로 경제에서 시대변화에 따라 새롭게 떠오르는 표준을 의미하는 '뉴노멀'을 이재열 교수는 언제 어떻게 터질지 모르는 위험사회에 새롭게 부각되는 국가시스템 혁신과 연결시켜 "위험관리역량이 국력"이라는 명제에 주목한다. 능동적으로 위험관리를 하려면 끊임없는 혁신이 필요하다. 그렇지 않으면 단순형 재난이나 숙성형 재난이 반복되는 위험사회에 안주하게 되고 더 큰 위기와 재난을 초래하게 된다. 따라서 이재열 교수는 항상 혁신을 통해 새로운 표준을 일상화해야 하는 개념으로 '뉴노멀' 시대를 정의한다.

비단 재난관리 뿐만 아니라 사회안전망이나 노동생산성 분야에서도 '뉴노멀'은 중요한 과제이자 한국 사회가 가장 부족한 부분이라는 판단이다. 청년들이 위험을 회피해 창업을 비롯한 도전을 포기하고 공무원 시험에 매달리려는 풍토나, 여성들이 노동생산성을 높일 수 있는 자산임에도 불구하고 경력단절이나 비정규직에 안주할 수밖에 없는 실태, 또는 과도한 규제나 꼭 필요한 규제 공백으로 기업이 투자를 회피하는 문제들을 혁신하려 할 때 '뉴노멀'에 준하는 새로운 기준을 제시하고 제도화함으로써 이들의 위험관리를 보장해 줄 수 있어야 한다는 믿음이다.

오늘날 한국사회에서 활발하게 혁신을 보장하며 정립되지 못할 때 나타나는 부작용이 '디커플링(Decoupling)'이라 할 수 있다. '디커플링'은 본래 세계경제 체제에서 '동조화(Coupling)'의 반대 개념으로 한 나라 또는 일정 국가의 경제가 인접한 다른 국가나 보편적인 세계경제의 흐름과는 달리 독자적인 경제 흐름을 보이는 현상을 의미한다.

이재열 교수는 '디커플링'을 제도의 혁신과 발맞추어 '동조화'해야 할 정치와 정책이 포퓰리즘과도 정략에 휘둘려 엇박자를 내거나 오히려 제도와 시스템의 혁신에 장애가 되는 현상과 연결시킨다. 한 치의 오차도 없이 맞물려 돌아가야 할 차량의 전동축 기어가 느슨하게 풀어지거나 어긋난다면 불행한 사고에 직면할 수밖에 없다.

'K-방역' 혼선을 초래한 문재인 정부의 정략과 오판

이러한 '뉴노멀' 시대의 '디커플링'은 코로나19 초기대응에서 여실히 드러난 바 있다. 코로나19 발생 초기에 보건복지위원회 위원으로 지적하고 제기했던 현안들을 재구성해보면 '디커플링'의 문제점이 분명해지고 이는 코로나19가 장기화되고 있는 지금까지도 여전히 코로나19 대응의 걸림돌로 오락가락하게 한다.

코로나19 대응 초기이던 지난 2월 국회에서 청와대를 비롯한 정부와 보건복지부에 촉구하며 바로잡고자 했던 사항들을 재구성해보면 질병관리청 보건의료 전문 그룹, 즉 테크노크랫이 자기희생을 감수하면서까지 혁신해온 국가방역체계와 청와대를 비롯한 정무적 판단의 엇박자는 심각한 수준이었음을 확인할 수 있다. 당시 국회 보건복지위원회 위원으로서 대정부 성명을 비롯하여 수시로 바로잡고자 촉구했던 사항들을 재구성해보면 문제의 심각성은 새삼 확연해진다. 더욱이 지금까지도 혼선을 조장하고 있어 즉각적으로 바로잡아야 할 정책과제들이다.

첫째 코로나19 발생 직후 종합대책 및 지원 콘트롤타워는 문재인 대통령과 정부, 실무 콘트롤 타워는 질병관리본부장이라는 매뉴얼에 준하여 무능과 부실을 확실히 바로잡기를 촉구했었다. 지난 1월 26일 이후 거듭 "청와대냐? 질병관리본부냐?"

오락가락 콘트롤 타워 논란의 문제점을 분명히 지적하고 즉각 시정을 촉구했다.

당시 문재인 대통령은 1월 26일 오전 신종 코로나바이러스와 관련한 대국민 메시지를 통해 "정부를 믿고 과도한 불안을 갖지 말아 달라"고 당부했다가 이틀만인 1월 28일 오전 "정부 차원에서 선제 조치들을 과하다는 평가가 있을 정도로 강력하고 발 빠르게 시행해야한다"고 말을 바꾸었고, 확진자는 기하급수적으로 늘어났으며 코로나19 첫 확진자 발생 이후 한 달여가 지난 2월 26일까지 말 바꾸기를 반복하며 국민의 비난과 원성을 사고 있었다.

대표적인 사례로는 1월 27일 "청와대에서 전체 콘트롤타워 역할을 하고 있다"고 발표했다가 이틀만인 29일 우한폐렴 중앙사고수습본부(본부장 박능후 보건복지부 장관)이 관계부처 합동회의에서 "질병관리본부가 중앙방역대책본부로서 현장 방역의 콘트롤타워 역할을 수행하고 있다"고 갈팡질팡하며 국민혼란를 초래했다.

가장 심각했던 사례는 2월 13일 대한상공회의소 6대그룹 총수 경영진 간담회 "신종코로나바이러스가 머지않아 종식될 것이다. 경제회복 흐름을 되살리는 노력을 기울일 때 다" 라고 했다가 불과 열흘만인 23일 "신천지 전후가 다른 상황"이라며, 대응 '심각' 단계로 격상했던 일이었다. 열흘 사이 확진자는 28명에서 603명으로 20배 이상 급증했고 코로나19 사태는 이미

통제 불능 상태로 악화된 상황이었고 그 와중에도 이른바 '짜파구리 오판'으로 비난을 받은 영화 '기생충' 아카데미상 축하 오찬을 열어 여론의 빈축을 사기도 했다.

당시 문재인 정부와 더불어민주당의 즉각적인 국민 사과와 함께 종합대책 및 지원 콘트롤타워는 문재인 대통령과 정부, 실무 콘트롤 타워는 질병관리본부장이라는 매뉴얼에 준하여 국민 생명에 최우선하는 코로나19 대응에 전향적으로 나서주기를 즉각 촉구했다.

돌아보면 이러한 정황은 『2015 메르스 백서-메르스로부터 교훈을 얻다』와 『2018 메르스 중앙방역대책본부 백서』 등의 과정을 통해 끊임없는 혁신으로 코로나19 방역 일선에서 밤을 지새야 했던 보건의료 전문 인력들과 국민들의 노력에 동조하지 못하고 정략에 눈먼 전형적인 '디커플링' 행태였다는 생각이다. 무엇보다 심각한 문제는 코로나19의 정치적 악용이었다. "메르스 반면교사"와도 같은 과거와의 싸움으로 부각시키려는 정략이 대표적인 사례였다. 당시 문재인 대통령의 주요 발언일지는 언론 지면을 장식했고 여야 정쟁으로 비화되면서 코로나19 대응에 밤낮을 잊어야 했던 보건의료진들과 불안과 공포에 떨던 국민들을 허탈하게 했다.

- 1월 25일(확진 3명) "과도한 불안 갖지 말아 달라" 당부
- 2월 12일(확진 28명) "지나친 불안 불필요, 직접 접촉자만 전염. 활

발하게 경제활동 해야" 당부.
- 2월 13일(확진 28명) "코로나 머지않아 종식될 것, 경제 활성화 당부"
- 2월 20일(확진 104명) 봉준호 감독 청와대 초청 오찬 이른바 '짜파구리' 구설수
- 2월 23일(확진 602명) "신천지 전후가 다른 상황" 대응 '심각' 단계 격상"

둘째 중국입국 제재 방관 등 무능 부실 대응을 즉각 시정할 것과 질병관리본부장과 공공의료분야 전문가, 대한의사협회 등 민간전문가의 권고와 의견을 전격 수렴, 3월 4일로 미룬 중국입국 제재 조치를 즉각 결정할 것을 촉구하기도 했다. 대한의사협회를 비롯한 전문가 그룹과의 갈등은 이후에도 지속적으로 문제로 제기되었다.

지금까지도 변함없는 소신이지만 대통령중심제 하에서 청와대 보건의료비서관 신설은 당연한 정책적 요구이고, 나날이 신종감염병 등 정책수요가 증가하는 보건의료 전담 보건복지부 2차관 신설 또한 신속하게 개편했어야 할 과제였다. 정부는 그로부터 7개월여가 지난 9월 8일에서야 질병관리청 승격, 보건복지부 2차관 신설을 단행했다.

가장 심각한 문제는 '2015 메르스 백서' 이후 매뉴얼대로 보건복지 전문 인력의 등용이었는데 2월 26일까지 감염병 관리의 3대 요직인 긴급상황센터장, 감염병관리센터장, 인천공항 검역소장 모두 보건복지부 행정관료 출신이 맡고 있었고, 국립

보건연구원장도 한동안 공백이었던 지경이었다. 더 큰 문제는 당시까지도 질병관리본부장의 인사권이 보장되지 않고 있었다는 점이었다. 아무리 국가 감염병 관리체계를 혁신하여 제대로 된 시스템을 구축했다 해도 이에 따르는 인사와 조직, 예산이 따르지 않으면 제 역할을 수행할 수 없다는 점은 두말할 필요도 없다. 정은경 질병관리청장은 이러한 어려운 상황 속에서도 표준매뉴얼을 준수하고 원칙에 따라 자신의 책무를 다함으로써 코로나19 방역 일선에서 'K-방역'의 모범을 보이고 있다.

'K-방역' 성공? 그러나 낮은 공공성과 상시재난관리 부재

　여기서 한 가지 잊지 말고 환기해야 할 것은 보건의료 전문가들이 공공의료체계와 국가방역체계에서 이룩한 'K-방역'과 엇박자를 내고 있는 낮은 공공성과 통합적인 재난관리의 문제, 그리고 꼭 필요한 규제는 미비거나 불필요한 규제는 과도한 규제의 문제 등 세 가지이다. 즉 공공성이라는 큰 범주에서 'K-방역'이라는 모범적인 혁신이 통합적 재난관리, 과잉규제나 규제공백 등 법제도의 지체라는 문제점과 '디커플링' 되어 상충하고 있고, 'K-방역'이 언제든 붕괴될 수조차 있는 위험사회의 위기 요인이 도사리고 있다. 이 대목에서 이재열 교수가 '공공성과 위험 거버넌스'에서 제안하는 결론과 대안에 다시 주목해야 한다.

　첫째 국가의 시시각각 높아지는 재난의 위험과 누적되는 재난의 요인들을 언제나 새로운 기준을 찾아 총량적으로 관리할 수 있는 선제적이고 전략적인 위험관리 시스템, 즉 '뉴노멀' 전략이 필요하다. 국가 전체수준에서 위험의 총량은 어떠한 상태인지 구체적인 데이터화가 가능해야 하고 어떤 위험요인들이 높아지고 있는지 분석 가능해야 하며 최종적으로는 공공재원을 어느 분야에 어떻게 투자해야 체계적인 위험을 예방하거나 피해를 최소화할 수 있는지 전략적인 국가관리 시스템이 필요하다.

지난 25년의 공직 경험 중에서 2002 월드컵을 3년여 앞둔 1999년 총리실 재직 당시 기획하고 실행했던 '안전관리개선기획단'의 사례를 다시 돌아본다. 기획단은 발족 이후 교통사고를 줄이기 위해 교통관련 시설개선, 안전띠 착용 의무화, 음주·과속 단속강화 등의 안전대책을 추진한 결과 연간 교통사고 사망자수를 97년 1만 1,603명에서 2001년 8,097명으로 30.2% 줄이는 성과를 거두었다.

2014년 4월, '세월호' 참사 앞에서 안전관리개선기획단 부단장으로서 일했던 경험과 국회 국토교통위원회 위원으로서 국민안전의 사명을 되새겼던 '국민안전, 실전훈련과 상설기구가 답이다'라는 제목의 글 한 편을 인용한다. 이 글은 2014년 세월호 직후 국회 국토교통위원회 위원으로서 세월호 원인 규명과 사후대책에 몰두하면서 머니투데이 4월 24일자에 기고했던 글이다.

2014년 대한민국의 '세월호' 참상. 25년 공직생활과 6년의 의정활동. 30여년 넘게 공인으로 살아온 자로서 참회와 속죄의 마음뿐이다.

2000년 초여름 월드컵이 불과 2년여 앞으로 다가온 국무조정실 심의관 시절, 한 외신의 일본 광고에 소스라쳤다. "월드컵은 한국에서, 관광은 안전한 일본에서"라는 광고였다. 근거는 교통사고 사망률 세계 1위의 불명예. 청와대 근무 시절 '교통사고 줄이기 운동'이

떠올랐다. 자료를 찾아보니 91년 1만3429명이던 연간 교통사고 사망자 수가 김영삼 정부 초기 총리실 주관 캠페인 이후 94년 1만87명으로 3,300여명 준 사례가 있었다.

부랴부랴 '안전관리개선기획단'을 기획했다. 하지만 아무도 가려 하지 않았다. 월드컵까지 한시기구였기 때문에 일단 가면 되돌아올 자리가 마땅하지 않았지만 '안전관리개선기획단' 실무 부단장으로 공직을 마무리할 각오로 자원했다. 불과 2년여의 노력 끝에 교통사고 사망자 수를 97년 1만 1,603명에서 2001년 8,097명으로 30.2% 줄이는 성과를 거두었고, 대한민국은 그나마 안전 불감증의 불명예를 벗어날 수 있었다.

공직을 떠난 후에도 철도 항공 해운 도로 등 교통사고에 지속적인 관심을 쏟아왔다. 국회 안전행정위원회와 국토교통위원회 위원으로 활동을 하면서 늘 안전 불감증을 점검하고 개선을 촉구했다. 배를 타면 구명조끼는 분실 위험이 있다는 이유로 상자 안에 쇠사슬과 열쇠로 채워져 있었고, 승무원에게 비상사태 시 매뉴얼을 물으면 웃기만 할 뿐 묵묵부답이었다. KTX도 마찬가지였고 항공 승무원들만이 제대로 대응 매뉴얼을 답했을 정도였다. 국회로 돌아와 자료요청을 하면 아주 잘 정리된 매뉴얼이 돌아왔다.

문제는 시스템, 특히 현장과 훈련시스템에 있다. 가장 적절한 모델은 1989년 유조선 엑손 발데스의 좌초 기름 유출사고 이후 미국의 실전 훈련 시스템이다. 미국은 50여개 연방부처 합동으로 3년마다 한 번씩 실전에 준하는 훈련을 한 후 1년 동안 문제점을 점검하며

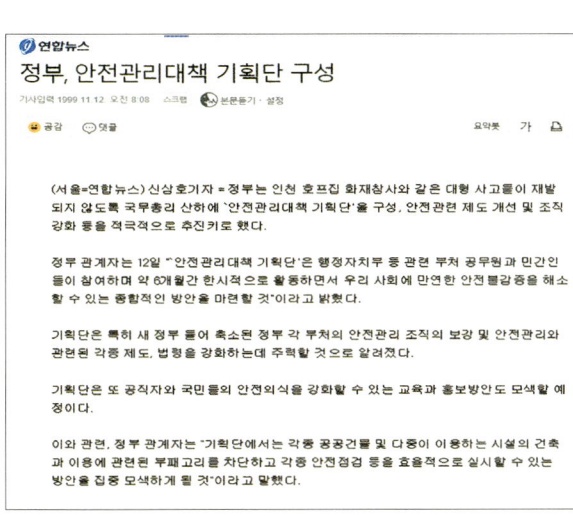

1999년 11월 12일 '안전관리대책기획단' 추진을 보도한 연합뉴스 기사와 2002년 8월 12일 '안전관리개선기획단' 상설 조직화 법개정 추진을 보도한 기사. 그러나 노무현 정부 들어 안전관리 상설기구의 법제화는 백지화되었고 아직까지도 통합적인 상설 재난관리 시스템은 없는 실정이다.

매뉴얼을 업그레이드한다. 지휘는 사고 유형에 따라 실제 현장을 지휘할 수 있는 현장 전문가가 맡고 모든 정보와 장비, 예산을 통제하고 집행할 권한이 주어진다.

우리도 이제 탁상 매뉴얼을 벗어나 실전상황을 가상한 합동훈련 시스템을 만들어 피해상황 파악, 구조, 장비 집결, 인양, 보상, 정보 공개, 원인 조사, 사후 조치 등 일련의 과정을 반복적으로 훈련하고 시스템과 매뉴얼을 수시로 업그레이드해야 한다.

더욱 중요한 것은 재난이 일어날 때마다 임시적이고 한시적으로 구성되는 중앙재난안전대책본부와 같은 기구 대신 통합대응기구의 상시운영이다. 미국은 대통령 직속으로 '국가교통안전위원회(NTSB)'를 설치 운영하고 있다. 일본은 총리대신을 의장, 관계부처 대신을 위원으로 하는 '중앙교통안전대책회의'를 운영하며 총리 직속 교통안전대책심의관을 두어 상시 총괄하고 있다. 프랑스는 1972년 총리를 위원장으로 하는 교통안전부처간위원회를 구성 운영하고 있고, 2001년부터는 산하에 정부, 민간단체 합동 국가교통안전위원회를 설치해 운영하고 있다. 도로교통뿐만 아니라 항공, 해운 등의 분야에도 동일한 유형의 통합 안전기구나 직제를 상시 운영하고 있다.

우리나라의 경우 철도, 도로, 항공, 해운 등 교통안전업무는 안전행정부, 국토교통부, 미래창조과학부, 해양수산부 등 여러 부처로 분산돼 있고, 각 부처 상위에 실질적인 총괄기구가 없다. 이제부터라도 부처를 초월한 국민안전 상설기구를 만들어야 한다. 함께 안전관리 개선기획단 전문위원으로 활동했던 한국교통연구원 설재훈 본부장은 지금도 상시 교통안전기구 운영을 주창해오고 있다. 나 또한 정부 출범 초기 대통령께 직접 국민안전 상설기구 설치 운영, 또 전시, 테러 및 준전시, 자연재해와 재난, 사고 등 유형별 재난대비기구 상설 운영 및 실제 훈련시스템 도입을 건의하고 주장해왔다.

오늘 우리 한국의 '세월호' 참사는 더 이상 국민안전 실전훈련시스템과 상설기구 운영을 미뤄선 안된다는 절박한 경고를 보내고 있다.

- 2014년 4월 24일 자 머니투데이, '국민안전,
실전훈련과 상설기구가 답이다'

'재난이 일어날 때마다 임시적이고 한시적으로 구성되는 중앙재난 안전 대책본부와 같은 기구 대신 상시적인 통합대응기구의 상설 운영은 지금 다시 강조할 수밖에 없다. 코로나19가 장기화되면서 사실상 상설화되어 활동하고 있는 중앙방역대책본부가 하나의 모델일 수 있고 핵심은 보건의료 분야 전문인력, 즉 보건의료 테크노트랫이 중심이 되어 이루어낸 'K-방역' 혁신이 교과서라는 생각이다. 반성하지 않고 문제를 외부화하여 공론화하지 않는 한 단순형이든 숙성형이든 재난은 반복되거나 증폭될 수밖에 없다는 사실을 냉철하게 직시해야 한다.

제2장 수많은 영웅들이 쌓은 금자탑을 무너뜨린 '탈원전'

한국정치가 법제도와 현실을 외면한 채 특정 이념과 독선으로 국가 에너지 기반을 통째로 무너뜨린 사례가 '탈핵'으로 인한 원자력 산업의 붕괴이다. 대한민국 정부가 원자력 도입을 결정한 지 만 65년, 고리1호기 건설이 시작된 지 만 57년 동안 수많은 영웅들의 피와 땀으로 이룩한 원자력산업이 국민적 합의나 법 개정 하나 없이 문재인 정부의 '탈원전' 공약으로 하루아침에 붕괴되고 있다.

우리 원자력 산업의 기술수준은 영국과 미국을 비롯한 세계 원자력 선진국에서 인정하고 원자력발전 수출 파트너로서 지위를 인정받을 정도로 경쟁력을 가진 국가전략 산업이기도 하다. 한국 원자력의 역사는 1956년 이승만 대통령이 미국 대통령의 과학고문 워커 리 시슬러(W.L.Cisler)을 만나 원자력 도입을 결정했고, 1969년 원자력위원회의 '원자력 연구개발 및 이용의

장기계획(1972-1989) 수립, 그리고 1964년부터 원전부지 선정에 들어가 14년만인 1978년 고리원전 1호기가 최초로 상업운전을 시작하면서 경제성장과 산업의 동력으로 기여해왔다.

1994년 원자력위원회 주도로 '2030년을 향한 원자력 장기정책방향'을 의결, 원전 건설의 기술자립과 원자력 수출을 향한 대장정을 시작하였고, 미국으로부터 핵증기공급계통의 설계기술을 전수받아 원자력 기술자립과 국산화를 이루어왔다. 2000년대부터는 미자립 핵심 기술인 원전설계코드, 원자로냉각재펌프, 원전제어계측장치 기술개발을 완료하면서 2012년 모든 기술의 완전한 자립을 완료하기에 이르렀고, 원전의 설계부터 기기 공급, 건설, 시운전 및 운영까지 모든 원자력 산업기술의 자립을 이룩했다.

오늘 우리 원자력 기술자립의 상징인 APR-1400(Advanced Power Reactor-1400MW)은 효율과 안전성에서 세계적인 공인을 받으면서 2009년에는 아랍에미리트 아부다비 원전 수출 계약의 쾌거를 이루었고 2016년 세계가 놀랄 만큼 빠른 준공과 함께 현재 성공적으로 가동 중이다.

우리 정치가 여야와 이념갈등으로 정권 교체기마다 정책일관성을 상실하곤 했지만 원자력산업만큼은 역대 어느 정부, 어느 대통령도 진흥과 지원을 일관되게 해왔던 국책산업이기도 했다.

문재인 정부와 정부여당은 "대통령 공약으로 국민동의"라는

가 "정무적, 정책적 판단" 등의 논리로 '탈원전' 공세에 대응하고 있다. 하지만 대선 공약이든지, 정책이나 정무적 판단이든지 법제도와 민주적 절차에 의해 실행되어야 했을 '탈원전'이 국민합의도 법제도 개정도 없이 밀어 부쳤다는 점은 분명하다.

원전 정책과도 같은 국가의 미래와 직결된 정책은 반드시 국민적 합의에 바탕해야 한다는 소신으로 중요한 지난 19대 국회에서 '원전 합의'를 의제로 3번의 국회 세미나를 주관하거나 참여했던 경험에 근거하여 현재 문재인 정부의 '탈원전' 정책의 위법성 의혹을 정리해본다.

지난 2017년 '탈원전' 공약을 제시한 이후 집권 초반기이던 2017년 7월 『문재인 정부 국정운영 5개년 계획』(국정기획자문위원회)를 발표한다. 문제의 '탈원전' 공약은 5대 국정목표 중 세 번째 '내 삶을 책임지는 국가' 전략3 '국민안전과 생명을 지키는 안심사회' 중 국정과제60으로 제시되고 있고, 구체적인 내용은 '탈원전 정책으로 안전하고 깨끗한 에너지로 전환'이라 명시하고 있다. 세부 항목은 '원전규제체계의 혁신과 탈원전정책을 추진하고 국민건강과 일상생활에 큰 어려움과 질병의 원인이 되고 있는 미세먼지를 획기적으로 감축'이라 제시되어 있다.(88쪽) 이어 구체적으로 다음과 같은 추진 사항도 제시되어 있다.

○ (탈원전 로드맵 수립) 원전 신규 건설계획(추가 6기) 백지화, 노후 원

전 수명 연장 금지 등 단계적 원전 감축계획을 전력수급 기본계획 등에 반영
- 공론화를 통해 사용후 핵연료정책을 재검토하고, 고리1호기 영구정지를 원전해체 산업을 육성하는 계기로 활용
ㅇ (원자력 안전규제 강화) 원안위 위상 및 독립성 강화와 안전관리체제를 정비하고 원전의 내진설계기준 상향 조정 검토
 * 원안위를 대통령 직속으로 변경하고 위원 구성의 다양성·대표성 확보(94쪽)

재정투자 계획에는 '탈원전시대 대응 및 재생에너지 전력생산 비율 확대('30년까지 20%) 등 여건을 감안, 신재생에너지 지원 강화(+1.6조원)로 제시되었다.(177쪽)

입법 추진계획은 '제개정 필요 법령안 및 입법 추진계획'에 탈원전'이 포함된 국정목표 '내 삶을 책임지는 국가'에 간략한 예시와 제개정이 필요한 법령과 하위법령이 모두 258개라고만 기록했다.(184쪽)

대부분의 전문가나 관계자들은 문재인 대통령의 '탈원전'이 반대 국민청원은 물론 국민적인 비판에까지 이르게 된 근본적 원인이 법제개정과도 같은 법적 근거 없이 추진했기 때문이라고 지적한다. '탈원전'은 한국의 산업에 550조~1000조원 규모의 막대한 손실이 걸린 문제이고 당장 전기료 인상과도 같은 국민적 고통을 수반하는 중대사안이다.

선진국들은 국민투표와 국민합의 거쳐 '탈원전' 추진

그러한 이유로 대부분의 탈원전 국가들, 즉 스위스, 대만 등은 탈원전을 국민투표로 결정했다. 문재인 정부가 모델로 삼은 독일은 지속적으로 대규모의 공론화위원회와 전문가 검증 및 토론을 통해 최종 결론 도출의 과정을 거쳤다. 독일은 1986년 체르노빌 원전 사고 이후 무려 30년의 공론화 과정을 거친 끝에 탈원전을 결정했고, 스위스는 1984년부터 다섯 차례에 걸친 투표 끝에 33년만인 2017년에야 탈원전을 결정했다.

兩年前廢核大遊行的用愛發電大隊。圖／摘自主婦聯盟臉書

'아시인 아반핵, 용애발전(我是人 我反核 用愛發展, 나는 사람이다. 핵에 반대한다. 사랑으로 발전을 하자)'는 구호를 외치며 집권한 차이잉원(蔡英文) 정권은 2018년 11월 25일 다시 국민투표로 '탈원전 정책 폐기안'을 '탈원전'을 포기했다. 사진은 2017년 대선 당시 '찰원전' 캠페인을 보도한 대만 언론 캡처.

『문재인 정부 국정운영 5개년 계획』(국정기획자문위원회, 2017년 7월) 표지와 '탈원전'이 명기된 '내 삶을 책임지는 국가' 전략3 '국민안전과 생명을 지키는 안심사회' 중 국정과제60.

또 한 가지 문제는 만일 이러한 절차를 거쳐 탈핵을 결정한 다 하더라도 중장기적으로 국가와 국민에게 가져올 부담에 대한 정확한 예측과 정책대안이 선행되어야 한다. 독일은 탈핵 결정 후 자국내 17기의 원전을 2022년까지 폐쇄하기로 결정하고 실행하였으나 연방헌법재판소는 '원전폐쇄로 입은 손실을 배상해야 한다'고 판결하였으며, 배상액이 190억 유로(약 24조원)에 이를 것으로 알려진 바 있다.

또한 이미 언론을 통해 잘 알려진 대로 탈원전 정책이 가져올 기업과 가계의 경제적 부담에 대한 정확한 예측과 대안이다. 일본 에너지경제연구소는 후쿠시마 이후 탈핵으로 전환하면서 2013년 총 3조8000억엔(40조원), 하루 100억엔(1050억원)으로 국민 1인당 연간 3만엔(31만5000원)의 추가비용 발생한 것으로 추계하고 있다. 일본경제는 2011년 1980년 2차 오일쇼크 이후 31년만에 적자로 반전되기도 했고 그 주요 원인은 전기수급과 요금 인상이었다. 일본은 2010년 6억9400만엔 흑자를 기록한 이후 탈핵 이후인 2011년 2조6000억엔 적자, 2012년 6조900억엔 적자, 2013년 11조4700억엔 적자를 기록했고 최근 원전 가동에 나서고 있다.

우리 탈핵의 모델인 독일의 경우도 심각하긴 마찬가지이다. 독일이 탈핵으로 전환한 이후인 2013년부터 3~4인 가족 기준 연간 약 346,500원의 전기료를 추가 부담하고 있고, 독일상공회의소에서 1,520개 기업 대상 조사결과 산업계는 전력 가격

상승 및 공급 불안으로 기업의 1/5이 국외로 이주했거나 이전을 고려하고 있는 것으로 조사된 바도 있다. BDEW(독일연방에너지·수도연합회)에 의하면 독일이 원자력의 대안으로 선택한 태양광을 비롯한 신재생에너지는 발전용량의 14.9%의 투자를 했으나 실제 발전전력량에서는 3.3%에 미치는 등 투자 대비 비효율성이 심각한 것으로 집계되고 있다.

대만의 경우 '2025 비핵가원(非核家園, 2025년까지 핵이 없는 나라를 만들자)'과 '아시인 아반핵, 용애발전(我是人 我反核 用愛發展, 나는 사람이다. 핵에 반대한다. 사랑으로 발전을 하자)'는 구호를 외치며 2015년 집권한 차이잉원(蔡英文) 정권도 2017년 11월 2025년까지 모든 원전을 정지시킨다는 에너지 법안을 만들어 놓고 국민투표로 탈핵을 결정했으나 2017년 전력대란에 직면했으며, 이듬해인 2018년 11월 25일 다시 국민투표로 '탈원전 정책 폐기안'이 가결되어 '탈원전'을 포기했다.

이러한 해외 각국 사례에 비추어 문재인 정부의 '탈원전' 공약은 법은 물론 국민합의 절차조차 무시한 채 추진되었다. 문재인 정부의 '탈원전' 추진 과정을 요약하면 다음과 같다.

문재인 정부의 '탈원전'은 특별법 제정도 없었고 '탈원전'에 대해 국민에게 설명한 적도, 공론화를 비롯한 그 어떤 합의 절차도 없었다. 국민들에게 처음 '탈원전'을 공개적으로 선언한 것은 취임 40일 후인 2017년 6월19일 고리1호기 영구정지 선포식 연설이었다.

문재인 대통령은 "이제 탈핵화 시대로 나아가야 한다. 신규 원전 건설을 백지화하고 현재 수명연장 가동 중인 월성 1호기는 가급적 빨리 폐쇄 하겠다"고 일방적으로 선포했다. 이후 6월 27일 국무회의에서 문 대통령은 "신고리 5,6호 건설을 일단 중단하고 공론화위원회를 구성해 사회적 합의를 끌어내자"고 밝혔다. 이 대목에서 『문재인 정부 국정운영 5개년 계획』(국정기획자문위원회) 입법 추진계획에 '탈원전' 관련 법제도 제정이나 개정은 없었다는 점을 추론할 수 있다. 야당은 탈원전 여부를 공론화위원회에 맡기는 것은 헌법을 위반한 국가문란행위이며 초법적 발상이라는 요지의 성명을 내면서 적극 반대에 나섰다.

처음에는 공론화를 시도했다. 바로 '신고리 5,6호기 건설 공론화'였다. 7월 24일 김지형 전 대법관을 공론화위원장으로 임명하고 위원 8명과 더불어 시민대표단 500명을 지원받아 4차례 숙의를 거친다. 그러나 2017년 10월 20일 그 결과는 『문재인 정부 국정운영 5개년 계획』, 그리고 고리1호기 영구정지 선포식 연설에서 밝힌 의지와는 달리 "신고리 5.6호기 건설"이라는 결론이 나왔다. 최종 여론 결과는 신고리 5.6호기 건설 59.5%, 중단 40.5%로 나왔다.

공론화위원회는 신고리 5,6호 건설재개 여부와 더불어 원전을 확대(유지)할 것인지, 축소할 것인지 여부에 관해 두 차례 설문조사를 더 했는데 1차 결과는 원전 확대 51%, 축소 46%, 2차 결과는 반대로 원전 확대 45%, 축소 53%로 나타났다. 여론조사 전문가들은 신고리 5,6호기 건설재개를 결정하고 나서 반사적인 여론의 쏠림으로 해석했고, 2차 원전 비중 축소 우세 여론이 지금까지도 문재인 정부가 국민 여론을 물었던 '탈원전' 근거로 거의 유일한 상황이다. 공론화위원회의 이 결과를 토대로 4일 후 문재인 정부는 '탈원전'을 '에너지전환계획'으로 이름을 바꾸어 10월 24일 로드맵을 확정했다.

핵심은 박근혜 정부 때 확정한 7차 전력수급기본계획에서 신규 원전 6기, 즉 신한울 3,4호기, 천지 1,2호기, 대진 1,2호기 등을 건설하겠다는 계획 폐기, 월성 1호기 조기폐쇄, 그리고 2031년까지 30년 수명이 다하는 10기, 2038년까지 수명이 다하는 14기를 모두 폐쇄한다는 8차 전력수급기본계획을 로드맵 확정과 같은 날인 10월 24일 국무회의에서 의결했다. 그 어떤 공론화나 공청회, 또는 국민합의 절차도 없었고 입법이나 법개정 한 번 없이 취임 6개월 만에 '탈원전'을 공식화한 것이다. 최소한 국민투표나 이에 준하는 합의절차를 거친 해외 국가들과 비교할 수조차 없는 비민주적인 과정으로 추진되었다는 비판을 면하기 어렵다. 언론 일각에서는 문재인 대통령을 비롯한 권력 핵심에서 고리1호기 정지 행사 1주년인 2018년 6월 19일 이전에 월성 1호기 폐쇄조치 성과를 내려 한다는 예측이 나돌았던 정황이었다.

신고리 공론화 좌절 이후 합의도 공론화도 외면한 '탈원전'

문 대통령은 4월 2일 "월성 1호기 영구중단은 언제냐?"는 독촉성 의지가 산업통상자원부에 전달되었다는 말이 나돌았고, '조기 폐쇄 방침'을 청와대에 보고했던 것으로 확인된다. 이와 관련해 문제가 된 경제성 평가에서 삼덕회계법인은 1차 보고서에서 월성 1호기 가동률을 85%로 보고 판매단가 60원을 적용하면 2022년 폐쇄 때까지 가동가치 3,707억 원의 존속가치가 있다고 명시했던 것으로 확인된다.

그 후 가동률은 70%에서 60%로 계속 떨어졌고, 판매단가도

문재인 정부는 취임 직후 신고리 5,6호기 건설 중단 공론화위원회를 출범시키고 공론화를 시행했으나 최종 결과는 건설 59.5%, 중단 40.5%로 좌절했고, 이후 법적 절차도 공론화나 합의도 외면한 채 월성1호기 폐쇄를 결정하는 등 '탈원전' 공약을 밀어붙였다. 사진은 김지형 공론화위원장의 결과 발표 TV조선 보도 화면 캡처.

Kwh당 51원까지 낮아지면서 224억원으로 존속가치가 대폭 축소되는 과정을 거친다. 이후 불과 2개월여 만인 2018년 6월 15일 한수원 이사회는 일사천리로 조기폐쇄 의결을 완료한다. 본래대로라면 월성 1호기 폐쇄를 의결한 2019년 12월 24일까지 재가동이 가능했지만 이보다 6개월여 앞당겨진 조치였고 감사원 감사 과정에서 산업부 관리 2명이 PC자료 444건을 폐기한 상식 밖의 은폐 의혹까지 불거졌다. 분명한 불법이고 엄중한 형사처벌 대상이다.

더욱 심각한 문제는 『문재인 정부 국정운영 5개년 계획』에 국민 안전 명분으로 명시된 '탈원전' 공약이 '경제성 평가'를 명분으로 월성 1호기 조기 폐쇄에 적용됐다는 점이다.

문재인 정부의 '탈원전' 정책이 목적을 위해서 수단은 어떠해도 된다는 자체 논리의 일관성조차 상실하고 있다는 지적이 가능하다. 국민 안전을 위한 '탈원전'이 '경제성 평가'로 폐쇄를 결정한다는 자체가 모순이자 불합리한 결정임을 그대로 드러내는 것이다.

정부는 법률과 시행령, 시행규칙과도 같은 법치에 준해서 정책을 입안하고 결정하며 추진해야 한다. 더구나 '탈원전'이라는 용어가 에너지 정책에 반하는 개념이고 그러한 이유로 '에너지 전환'으로 변경되었다면, 그리고 공약과 국정목표 및 전략에서 '국민 안전'을 명분으로 했다면 특별법이나 새로운 법을 만들어 추진했어야 법치와 삼권분립에 의거한 국가 운영이자 상식이다. 그러나 입법과정과 국회의 동의조차 철저히 외면했다.

월성 원자력발전소 1호기 감사 관련 일지

1983년 4월	▶ 상업운전 개시
2012년 11월	▶ 월성 1호기 설계수명(30년) 만료, 가동중
2015년 2월	▶ 원안위, 월성 1호기 계속운전 허가
2015년 6월	▶ 한수원, 월성 1호기 운전 재개
2017년 2월	▶ 서울행정법원, 수명연장 처분 취소 판
2018년 6월	▶ 한수원, 월성 1호기 조기폐쇄 결정
2019년 2월	▶ 한수원, 원안위에 월성 1호기 영구정지 신청
9월30일	▶ 국회, 감사원에 한수원 월성1호기 조기폐쇄 타당성 감사 요구
10월	▶ 감사원 감사 착수
12월	▶ 원안위, 월성1호기 영구정지 결정
20년 4월 9·10·13일	▶ 감사위원회 감사 결과 '보류' 결정
4월20일	▶ 최재형 감사원장, 감사 담당 국장 교체
7월	▶ 김오수 감사위원 제청 두고 청와대-감사원 갈등
7월	▶ 여권, 최재형 원장 사퇴 압박
10월7·8·12·13·16일	▶ 감사위원회 월성1호기 감사보고서 심의
10월 19일	▶ 감사보고서 의결
10월 20일	▶ 감사원, 월성1호기 경제성 평가 불합리 조기폐쇄 타당성 판단은 하지 않아

월성 원자력발전소 1호기 폐쇄 관련 감사 일지. 사진은 뉴스1 보도 기사 캡처.

'탈원전'을 '에너지 전환'으로 바꾸어 추진하려 했다면, 그리고 안전을 중요한 목표로 했다면 새로운 법을 제정하지는 않더라도 최소한 원자력 안전 전반을 규제하고 있는 '원자력안전위원회의 설치 및 운영에 관한 법률'을 개정하여 추진했어야 했다는 지적도 제기된다. 이 법의 1조는 '원자력안전위원회를 설치하여 원자력의 생산과 이용에 따른 방사선 재해로부터 국민을 보호하고, 공공의 안전과 환경보전에 이바지함을 목적으로 한다', 2조는 '원자력안전위원회는 독립성 및 공정성을 유지하며, 원자력의 연구·개발·생산·이용에 따른 안전관리에 필요한 대책을 마련하고 이행에 노력하여야 한다'라고 명시되어 있다. 현행 '원자력안전위원회의 설치 및 운영에 관한 법률'에는 '탈원전', 또는 '에너지 전환'에 대한 근거를 어느 조항에서도 찾아볼 수 없다. 당연히 위헌 소지 시비나 법치주의를 위배했다는 지적이 나올 수밖에 없다.

발전사업과 원자력 진흥, 그리고 원자력 규제 분야에 정통한 원자력학회를 비롯한 전문가들과 산업통상자원부 일각에서는 공론화위원회나 로드맵을 작성하는 과정과 병행하여 '전기사업법' 개정이나 '에너지전환에 관한 특별법'과도 같은 최소한의 법적 절차라도 거쳐야 한다는 여론이 있었지만 철저히 외면당했다.

결국 2019년 10월 1일 국회는 한수원의 월성1호기 조기 폐쇄 결정의 타당성 및 한수원 이사들의 폐쇄 의결과 관련한 배임행위에 대한 감사를 요구하였고 1년을 넘긴 2020년 10월 20일경 감사결과가 발표되면서 '경제성 평가'는 국민의 관심을 집중시키면서 정치적 쟁점으로 부각되었다. 한걸음 나아가 지난 10월 22일에는 야당의 고발로 '월성1호기 경제성 평가 조작' 관련 검찰 수사가 시작되기에 이르렀다.

문재인 정부의 '탈원전' 정책의 탈법성 여부는 언젠가 밝혀지겠지만, 월성1호기 폐로를 비롯한 '탈원전'이 법은 물론, 공론화나, 국민합의와도 같은 민주적 절차를 도외시한 채 추진되었다는 점만은 분명하다. 그렇다면 법과 민주적 절차를 모두 무시한 '탈원전' 정책이 '통치행위', 또는 '정책적 판단'으로 정당화될 수 있을까? 권위주의 정권에서조차 사례를 찾기 힘들 정도로 위법적인 앙샹레짐, 즉 구체제적인 잔재라는 지적이 설득을 얻는 대목이다.

어빙 거프만의 '연극모형론'에 비추어 본다면 문재인 대통령은 대통령으로서 '자의적으로 하고 싶은 것'과 '타의적으로 해야 하는 것' 사이의 긴장 속에서 국민의 여론과 합의, 나아가 민주적 절차와 법치주의 그 어느 것조차 무시한 채 '자의적으로 하고 싶'은 '탈원전'을 향해 거짓 연기를 했다는 비판이 가능하다. 여기서 문재인 대통령이 처음 무대 전면에서 선언한 취임사의 한 구절을 떠올린다.

"문재인과 더불어 민주당 정부에서 기회는 평등할 것입니다. 과정은 공정할 것입니다. 결과는 정의로울 것입니다."

다른 정책은 차치하고서라도 최소한 '탈원전' 정책에서만큼은 과정은 왜곡되었고 결과는 불법 의혹에 직면하고 있으며, 무대 뒤편의 어지럽고 혼란스런 '국민안전의 명분과 법치 외면의 모순', '경제성 평가 조작'과 '감사 자료 폐기'의 어두운 모습이 드러나고 있다. 목적을 위해 국민의 여론도, 법도 무시한 채 수단과 방법을 가리지 않는다면 군부독재 시절의 권위주의적 행태와 다를 것이 무엇인가?

그렇다면 왜 이렇게 법을 외면하면서까지 구시대로 후퇴하는 구태를 보였을까? 여권에서 밝힌 바대로 국회로 법안을 들고 가면 국회선진화법에 따라 야당의 반대로 통과가 어려울 것으로 보고 공론화위원회 설치, 에너지전환 로드맵이란 우회방안을 강구했다는 진술이 이를 입증한다. 그러나 집권 초기 '신고리 5,6호기 공론화'의 좌절은 이후 국민여론과 관련하여 어떤 합의과정이나 공론화조차 배제된 채 추진하도록 한 것으로 보인다.

사실 '탈원전'을 향한 합의는 노무현 정부 시절이었던 2004년 시민사회단체 주도로 추진되었던 '전력정책의 미래에 대한 시민합의회의'로 거슬러 올라간다. 이후 이명박, 박근혜 정부는 UAE 원자력 수출과 진흥 시기를 거쳐 13년여가 지난 2017년 문재인 정부는 다시 '탈원전' 공약을 실행하기 위해 '신고리 5,6호기 건설' 공론화를 추진하였고 13년여를 사이에 둔 두 차례의 합의와 공론화는 모두 실패로 돌아갔던 것이다.

2004년 당시 시민합의회의에서 제기된 문제점은 최종결정이 공식적인 구속력을 갖지 못한다는 점, 당시 합의회의 진행과정과 '핵발전소' 추가 건설 반대라는 사실상 '탈핵' 결정 결과에 대해 청와대, 산업자원부, 지속가능발전위원회, 국무총리실 등에서 관심을 보였고, 전력정책에 영향을 미칠 것이라는 기대도 있었으나 결과적으로는 정부 정책결정에 반영되지 못했다. 이러한 두 번의 '탈원전' 공론화와 합의의 좌절이 문재인 대통령에게 영향력을 행사했던 탈핵 진영이 중심이 되어 최소한의 합의절차조차 외면하게 하지 않았나 추론하게 된다.

원자력 정책, 공론장과 국민합의로 되살려야

'87레짐'의 구태와 잔재를 청산하는 핵심적인 과제가 '국민합의'의 절차를 통한 '국민통합'이라는 대의를 다시 한 번 상기하면서 그동안 원자력을 쟁점으로 한 공론화와 합의의 자산들을 돌아본다. 원자력을 비롯한 에너지 분야는 안면도 사태, 부안 사태, 그리고 밀양 송전탑 사태를 비롯한 고압 송전탑과 송변전 시설 건설 때마다 첨예하면서도 심각한 갈등에 부딪치곤 했고, 다른 정책 분야보다 갈등 조정과 합의, 공론화 등의 절차가 앞서왔다.

특히 원자력의 경우 2011년 후쿠시마 쓰나미로 인한 원전 사고 이후 국민안전과 직결된 현안으로 떠오르면서 국가정책 방향을 놓고 더욱 뜨거운 국민적 관심사로 떠올랐다. 19대 국회 후반기에는 사용 후 핵연료공론화, 고리1호기 폐로, 한미원자력협정, 삼척과 영덕 원자력 발전소 신규 건설, 고준위방사성폐기물 처리 등 굵직굵직한 원전 정책 현안이 복합적으로 이어지면서 갈등은 첨예화되었고 공론화와 합의의 중요성은 더욱 높아졌던 상황이었다.

제19대 국회에서 상임위원회 활동과는 무관하게 원자력을 둘러싼 에너지 갈등 해소를 위한 국회 세미나를 주관하거나 적극 참여한 이유는 이러한 첨예한 원자력 갈등 합의 모델을 통해 국가적이면서도 국민적 과제인 개헌을 비롯한 '국민합의'와 이를 통한 '국민통합'의 해법을 모색해보자는 찾아보자는 소신과 의지에서였다.

문재인 정부가 '탈원전' 정책에서 보여준 민주적 절차를 외면한 구태를 적시하고 향후 국민통합을 향한 국민합의의 중요성을 강조하는 의미에서 원자력 갈등 해소 노력은 중요한 귀감이라는 소신이다. 지난 2017년 졸저『그리운 미래』에 정리했던 원자력 갈등 해소를 위한 원자력 분야 공론화 사례는 네 가지 방향으로 정리할 수 있다.

목진휴 교수가 좌장을 맡고 김두영 아델만코리아 수석부사장의 발제로 진행된 원자력 갈등 해소를 위한 국민공감토론회가 특집 보도된 문화일보 2014년 12월 2일자 지면. 국내에서는 처음으로 남아공의 '몽플레 컨퍼런스'를 합의의 모델로 제시해 주목을 받았다.

첫째 유럽을 중심으로 한 서구식 '시민합의회의'는 노무현 정부 시절인 2004년 '전력정책의 미래에 대한 시민합의회의' 개최가 대표적인 사례였다. 합의회의 결과 '탈원전', 즉 '탈핵' 으로 합의를 도출했고 주요 대안으로는 전기 에너지 절약을 중심으로 한 수요관리를 채택했으나 정책에 직접적으로 반영되지는 못했고 2014년 10주년 기념 세미나에서 수요관리를 제대로 못했다는 반성을 바탕으로 '탈(脫)원전' 기조와 더불어 신재생 에너지에서 대안을 찾는 정책 방안을 논의하기도 했다.

둘째 공론조사를 통한 국민여론에 의한 결정 사례로는 2013년부터 2015년 6월까지 30여개월여 운영된 사용 후 핵연료 처리 방안, 즉 흔히 '방폐장'으로 불리는 고준위방사선폐기물 처리를 놓고 구성되어 활동한 '사용 후 핵연료공론화위원회'의 공론조사 방식을 들 수 있다.

셋째 이 두 가지 방식을 절충한 공론조사와 합의회의를 결합한 사례로는 2017년 문재인 정부 출범 초기 '신고리 5, 6호기 공론화위원회' 진행방식이었다. 2004년 '전력정책의 미래에 대한 시민 합의회의'와 2013년부터 2015년 상반기까지 이루어진 '사용후핵연료공론화위원회'의 공론조사 방식을 결합한 방식이라 할 수 있다.

넷째 '시나리오 씽킹' 방식은 91년 넬슨 만델라 석방 직후 극한의 갈등과 반목을 해소한 '몽플레 컨퍼런스'에서 채택한 방식으로 우리나라에서는 아직 시도된 적은 없으나 한국원자력문화재단의 제안으로 2015년 하반기부터 2016년 상반기까지 서울대사회발전연구원에서 시범 모델 정립을 목표로 실행한 사례가 있다.

- 졸저 『그리운 미래』(오름에디션, 2017년), 110쪽~111쪽

우리는 이러한 원자력 갈등 해소를 위한 지난 노력들을 통해 다시 한 번 대한민국이라는 무대의 앞면과 뒷면을 확인할 수 있다. 무대의 뒷면을 들춰보면 감사원 감사 자료 폐기와도 같은 구태가 여전하기도 하지만 묵묵히 휴일도 반납하고 밤낮도 잊은 채 맡은 바 직무에 충실한 작지만 큰 영웅들이 있다.

2015년 9월부터 경북 영덕군 천지원전 건설을 둘러싸고 환경단체를 중심으로 한 '탈원전' 세력은 주민투표를 강행했고 산업부와 한수원은 원전 건설이 지역에 가져오는 이익과 발전을 홍보하면서 첨예한 갈등과 대립 양상을 보였다. 원자력과 관련한 주민투표는 법적으로 정당성을 갖지 못하지만 2004년 부안 방사성폐기물처리장 유치, 2014년 삼척 원자력 발전소 건설 등에 이어 영덕 천지원전 건설 과정에서도 환경단체와 시민사회단체 주도로 '탈원전'을 목표로 실시되었다. 당시 산업부와 산하 유관 공공기관은 일방적인 홍보나 주민투표 반대의 갈등의 입장에 서기 보다는 객관적이고 공정한 공론조사와 여론수렴에 나섰고 과거의 홍보 개념을 버리고 주민 수용성을 높이기 위한 소통과 대화에 나섰다.

마침 국정감사가 이루어지던 시기였으나 담당 공무원들과

직원들은 영덕에서 국회까지 출퇴근하면서까지 헌신적으로 주민과 소통하며 설득에 나섰다. 결과는 2004년 부안이나 2014년 삼척의 사례와는 달리 30%대 투표율을 보이며 원전정책이 한 걸음 나아갔다는 평가를 받았다. 지역사회의 숨은 영웅들의 봉사와 헌신도 나중에야 전해 들었다. 갈등과 대립의 극한 상황 속에서 상생과 협력을 화두로 어느 한 편에 서기보다는 중재와 소통의 공론장을 만들어 주민들의 공정하고 객관적인 판단과 선택에 일조했다. 원자력 갈등 해소 국회 세미나 과정에서 이러한 작은 영웅들의 헌신적인 열정과 노력을 확인할 수 있었고 아직도 인연을 이어오고 있다.

이렇듯 작은 영웅들이 한 걸음씩 이루어낸 소통과 상생협력, 공론화와 협상, 나아가 합의의 새싹들이 법도 합의도 외면한 문재인 정부의 '탈원전' 밀어붙이기로 불과 3년여 만에 꽃을 피우지도 못한 채 말라버린 것이다.

합의를 위한 노력은 지난 65년 동안 원자력계 연구인력들과 현장 엔지니어들의 노고와 희생에 비하면 아무것도 아니다. 미국에서 보장된 직장과 연구환경을 마다하고 귀국했던 수많은 한국 원자력 개척자들에서부터 온갖 어려움을 이겨내며 원자력 기술자립이라는 쾌거를 이룬 엔지니어들, 그리고 영광과 고리, 울진과도 같은 오지에서 원자력발전에 헌신했던 수많은 기술진들의 땀과 노력이 하루아침에 무너져 내리고 있다. 더구나 원자력공학과를 비롯한 기계공학과 전기공학 등 관련 전공학과에서 미래 원자력산업의 주역을 꿈꾸던 수많은 청년들의 포부 또한 물거품과 실망으로 만들어 버리고 있다.

　어렵더라도 다시 힘을 모으고 머리를 맞대면서 국민합의의 지난 성과를 되살리고 멀더라도 국민통합의 미래를 향해야 한다. 그러기 위해서는 한국정치가 왜 이런 착오적이고도 구체제적인 앙샹레짐으로 돌아가고 있는지 그 원인부터 명백하게 규명해야 한다.

제3장 포스트코로나와 플랫폼 사회를 향하여

　오늘 한국정치의 구체제 적이고 시대착오적인 행태SMS 어디에서 비롯되는가? 2016년 봄꽃이 화창하던 4월 총선이 끝난 직후 '그리운 미래'라는 작은 세미나에서 주제로 논의했던 캐나다 출신 미국의 사회학자 어빙 거프만((Erving Goffman)의 '연극모형론(Dramaturgy)'을 새삼 떠올린다. 박근혜 정부는 '십상시 문건'으로 비선실세 의혹, 세월호와 같은 사회재난을 겪으면서 임기 후반기를 맞고 있었고, 20대 총선에서 당시 여당이던 새누리당은 당초 예상을 벗어나 123석의 열세를 보였던 한편 국민의당이 28석으로 캐스팅보트를 쥐면서 더불어민주당은 122석으로 약진했던 정치 상황이었다.

　마침 신년초 어빙 거프만은 『자아 연출의 사회학(Presentation of Self in Everyday Life)』이 번역되어 나온 시점이었고, 인간의 사회활동을 연극무대 위의 배우에 비유한 '연극모형론'을 정치와 권력의 무대로 옮겨 한국정치의 새로운 활로를 찾아보자는 토론주제가 되었다.

어빙 거프만 저, 진수미 역, 『자아 연출의 사회학(Presentation of Self in Everyday Life)』(현암사, 2016). 2016년 초 나온 이 책을 통해 한국사회의 무대 앞과 뒤를 성찰하는 계기가 되었다.

어빙 거프만은 사람은 사회인으로서 '자의적으로 하고 싶은 것'과 '타의적으로 해야 하는 것' 사이의 긴장 속에서 살아간다고 보았고, 이러한 긴장을 잘 견뎌내고 안정된 자아상을 유지하기 위해 사람들은 '사회 속의 관객'을 위한 연기를 한다고 보았다. 어빙 거프만의 자아개념은 연극론적 접근론에 의해 만들어진 이론으로, 사회생활을 마치 무대 위에서 벌어지는 일련의 연기 수행과 유사한 것으로 보고 있다.

어빙 거프만의 '사회적 자아'을 '정치인의 자아'로 추론하면서 정치라는 무대 전면의 화려한 수사학과 정치적 의사결정이 이루어지는 무대 뒷면의 감추어진 어두운 모습에 주목했다. 나아가 법과 제도에 바탕한 공공부문 무대 전면의 정책과 무대 뒷편 정책이 결정되는 과정의 불합리하거나 독단적인 부작용에 주목했다. 아이러니컬하게도 불과 몇 개월이 지나지 않아 박근혜 정부의 무대 뒤편 비선실세 의혹이 전면화되었고 최순실과 정유라라는 인물이 정가를 강타하면서 2016년 가을 촛불정국으로 번졌다. 촛불시위는 2017년 신년까지 이어지면서 사상 초유의 대통령 탄핵과 함께 2017년 조기 대선으로 이어졌다.

그 후 다시 3년이 지나 2018년 지방선거와 2020년 제21대 총선을 거치면서 문재인 정부는 집권 후반기로 접어들고 있고 2022년 대통령 선거와 지방선거가 목전에 다가오고 있다. 코로나19라는 전대미문의 질병재난으로 인한 위기상황 속에서 4년여전 토론했던 '연극모형론'을 되짚는 이유는 정치와 정책의 과제에 주목하여 오늘 한국사회에 복합적으로 불거지고 있는 위기의 본질을 성찰해보자는 데에 있다. 나아가 다가오는 2022년 대통령 선거와 동시지방선거에서만큼은 한걸음 나아간 한국정치의 청사진을 그려보자는 목적도 있다.

위기의 한 축은 이른바 '87레짐'이라는 구태의연한 잔재로부터 비롯된다. 또 한 축은 'K-방역'과도 같은 혁신의 발목을 잡는 '디커플링'으로부터 오는 위기이다. 이들 위기 요인은 세월호나 대형화재와도 같은 사회적 재난으로 우리를 급습하기도 하고 지진과도 같은 자연재난, 또는 메르스, 코로나 등과 같은 질병재난과 맞물리면서 국민의 안전과 생명을 위협하기도 한다.

구체제의 잔재를 의미하는 '앙샹레짐'으로도 설명할 수 있는 '87레짐'의 구태의연한 잔재는 긍정적인 혁신과 변화를 발목 잡는 요인이고, 변화와 혁신에 뒤쳐진 '디커플링'과도 같은 부조화는 'K-방역'과도 같은 성공모델을 무너뜨릴 수도 있는 위기로 떠오르기도 한다. 그리고 그 중심에는 구태의연하지만 막강한 영향력으로 사회발전을 가로막는 한국정치의 부조리가 있다는 소신이다.

'87레짐' 잔재 청산, 참회와 도전으로 시작하자

지난 4년여 동안 의정활동을 중심으로 끊임없이 고민하고 토론하며 입법 활동과 정책에 임하면서 늘 머리에서 떠나지 않았던 화두 하나가 바로 '87레짐'의 구태의연한 잔재 청산 의제였다. 현재 대한민국의 헌정과 법제도의 근간을 이루는 프레임이기도 한 '87레짐'은 이제 정치에서부터 국민의 일상생활에 이르기까지 여러 가지 문제점을 노출하면서 변화와 개혁의 과제로 떠오르고 있다. '87레짐'의 궁극적인 청산은 개헌으로 시작해야 하지만 국민 기본권 확장과 재정립, 과도기적 지방분권의 진전과 확립, 국민합의의 절차적 민주주의의 정착 등과도 같은 각론부터 하나씩 난제를 풀어가는 현실적인 방안이 더욱 시급하고도 중요하다는 소신이다. '87레짐'이란 민주화의 성과가 아직까지 '국민통합'과 '국민합의'라는 민주적 절차의 정당성을 확보하지 못하고 있다는 점에서 '87레짐' 청산의 핵심적인 과제라는 점을 늘 되새기며 의정활동에 임하는 이유다.

지난 207년 졸저 『그리운 미래』를 펼쳐 당시와 비교하면서 다시 한 번 '87레짐' 청산의 대전제인 개헌 문제부터 되짚어 보자. 노무현 정부부터 논의가 시작된 개헌은 2012 대선에서 여야 후보 모두의 공약으로 제시되었으나 큰 진전을 보이질 못했다. 2017년 조기 대선에서 문재인 대통령은 2018 지방선거에서 개헌을 국민투표에 부친다고 공약했으나 청와대가 주도한 정부안만 마련하는데 그쳤을 뿐 공약은 사실상 유실된 상태다. 국민적 여망이자 국가적 과제인 개헌은 6월 민주화 운동으로 이룬 이른바 87년 개헌 체제, 즉 '87레짐'에서 한 걸음 나아감을 의미한다. 재인 대통령이 취임사에서 강조하고 또 강조했던 '지지하지 않은 국민까지 섬기는 대통령'의 약속도, 반드시 '국민통합'을 이루겠다던 약속도 임기 1년 반을 남긴 현시점에서는 공허한 메아리만 남긴 채 사라져 버렸다.

2017년 연말 1987년 민주화운동 30년을 기해 개봉된 영화 1987. 영화를 보면서 당시 연희라는 인물처럼 눈과 귀를 막고 세상을 살았던 '우리'의 모습 속에서 우리 청년들이 살아야할 미래 앞에서 우리는 다시 눈과 귀를 막고 마치 없는 사람처럼 살고 있는 것은 아닌가 하는 참회와 각오를 되새기게 된다.

돌아보면 아쉽게도 87년 개헌을 비롯한 법제도의 전환은 국민적 합의를 이루질 못했었다는 점이 가장 큰 맹점이자 구체제로서 핵심적인 개혁 대상이다. 헌법 전문에 명시는 했으나 대한민국 임시정부의 승계를 비롯한 역사적 정통성조차 아직 논란 중이다. 더하여 지난 20년 동안 이룬 지방자치와 분권, 복지의 확대와 다원화된 우리 사회의 다양한 요구들을 새로이 담아내야 하는 숙제도, 나아가 통일에 대비한 비전과 국민들의 높아진 정치 참여의 요구를 반영해야 하는 과제도 여전히 숙제로 남겨져 있다. 흔히 4년 중임의 대통령제냐, 이원집정부제냐, 또는 내각제냐 하는 권력구조의 개편을 개헌의 화두로 여기는 경향이 있으나 실은 그 아래 숨겨진 대의민주주의의 한계를 넘어서 국민들의 참여의지를 어떻게 보완하여 권력구조에 반영하느냐 하는 문제가 더욱 중요하다는 소신이다.

문재인 정부 출범기나 차기 대선을 불과 4개월여 남긴 지금이나 한국사회 위기의 큰 틀은 조금도 나아지지 않았고 오히려 거듭된 정책실패로 사태는 더욱 악화돼왔다. 문재인 정부 들어 의욕적으로 추진해온 남북관계 개선과 한반도 비핵화는 정체를 보이고 있고, 미국, 중국, 일본과의 외교 안보 현안도 상생과 협력의 성과를 내지 못하고 있으며, 오히려 국익 실종의 우려를 낳으면서 악화시키고 있는 사안도 적지 않다. 경제와 사회의 양극화, 이미 닥쳐온 저출산 고령화 시대의 먹구름 등과 같은 문제도 노사갈등은 여전하고 주택정책과도 같은 실패와 맞물리면서 심각성을 더해가고 있다. 청년 일자리 문제와 주거문제는 악화일로를 치닫고 있고 비정규직 문제도 오히려 불공정 사례로 국민적 비난의 대상이 되고 있다. 여성의 사회적 참여, 또 이를 통한 생산성 향상은 성과를 보이지 못하고 있다.

결국 3년 반 동안 근본적인 우리 내부의 문제는 한 걸음도 앞으로 나아가지 못하고 있다. 문재인 대통령이 취임사 화두로 공언한 '국민통합'도, "기회는 평등하고, 과정은 공정하며 결과는 정의로울 것"이라 했고, "특권과 반칙이 없는 세상을 만들겠다."라 했던 약속은 오히려 문재인 정부 스스로의 특권적인 행태를 공격하는 부메랑으로 돌아오고 있고, 각종 기득권적 행태가 속속 드러나면서 국민의 비난에 직면하고 있다. 무엇보다 가장 주목해야 할 점은 '국민통합'은커녕, 코로나19를 비롯한 사안마다 문재인 정부가 도리어 편 가르기와 갈등을 조장하고 있다는 사실이다.

오늘 우리가 바꾸어야 할 앙샹레짐, 즉 '87레짐'의 잔재 중 가장 중요하고 우선해야 할 사안은 '국민통합'의 과제이자 숙원이고 그 방법으로서 '밑으로부터의 국민적 합의'의 정립이라는 소신이다. 문재인 정부는 오히려 대한민국 법치와 민주주의를 앙샹레짐, 즉 구체제로 되돌리고 있다는 합리적인 의심까지 든다. 법제도와 민주적 절차의 무시와 독선으로까지 치닫는다는 판단 때문이다.

공공성 제고와 사이언스 리터러시 존중의 정책과제

법제도와 관행 사이의 괴리, 즉 '디커플링'을 해소하고 재난과 위험을 최소화하거나 선제적으로 예방하려면 공공성 제고와 함께 사이언스 리터러시(Science Literacy)가 필요하다는 것이 이재열 교수의 제언이었다.

사이언스 리터러시는 과학적이고 합리적인 이해력, 또는 수용성으로 요약할 수 있고 이를 높이기 위해서는 정부부처 정책결정과정의 전문성을 높이는 방안과 정책 현안에 관한 국민의 수용성을 높이는 방안 두 갈래를 제시할 수 있다. 정부부처 정책결정과정의 전문성 제고는 이미 'K-방역'에서 확인할 수 있었다. 이와 발맞춘 국민적 차원의 정책 수용성 제고는 과학적이고 합리적인 상식(Common Sense)에 바탕한 합의(Consensus) 과정이 필요하다.

코로나19 대응 속에서 우리는 국민들의 코로나19 감염병에 대한 지식과 상식이 방역과 예방 및 차단에 얼마나 중요한지 확인할 수 있었다.

장애요인은 유언비어나 가짜뉴스이지만 활발한 집단지성(Collective Intelligence)에 기반한 소통은 건강한 상식을 신속하고도 정확하게 확산시킬 수 있고, 사회관계망 서비스(SNS)와도 같은 네트워크를 통해 빠르게 공론과 합의를 이룰 수 있다는 점을 확인할 수도 있었다.

한때 유언비어와 가짜뉴스로 혼란을 겪었던 원자력 관련 방사능 피해에 관한 과학적이고 합리적인 상식(Common Sense)의 회복은 모든 정책에 있어 국민수용성의 중요성을 일깨우는 대표적인 사례이다.

2015년을 전후해 사용후핵연료 공론화를 비롯, 한미원자력협정, 고리원자력1호기 폐로, 삼척과 영덕 원자력발전소 신규건설, 고준위방사성폐기물 처리 등의 현안이 복합적으로 난맥을 이루고 있던 상황에서 산업부와 한수원, 한국원자력문화재단(현 한국에너지정보문화재단) 등 유관기관과 한국원자력학회를 비롯한 전문가 그룹이 가짜뉴스로 인한 혼란을 바로 잡기 위한 원자력 상식 콘텐츠를 지식 포털에 업데이트하여 공유하기 시작했고 SNS를 통한 활발한 소통과 확산이 이루어지면서 원자력과 방사능 피해에 대한 객관적이고 과학적인 지식을 국민상식으로 정립할 수 있었다.

그 결과물로 출간된 『원자력상식사전』(원자력상식사전 편찬위원회 저, 박문각, 2016)은 국민 수용성 측면에서 사이언스 리터러시를 어떻게 형성할 수 있는지, 또 원자력이나 방사능과도 같은 전문지식이 필요한 과학기술 정책 분야에서 전문성을 갖춘 과학기술 분야 지식인의 역할이 얼마나 중요한지를 동시에 일깨워주는 사례라 할 수 있다.

한국원자력학회를 비롯한 전문가 그룹이 가짜뉴스로 인한 혼란을 바로 잡기 위한 원자력 상식 콘텐츠를 지식 포털에 업데이트하여 공유했고 그 결과를 『원자력상식사전』(원자력상식사전 편찬위원회 저, 박문각, 2016)으로 펴낸 사례는 사이언스 리터러시(Science Literacy)에 기반한 전문인의 역할과 국민 수용성 증진의 대표적인 사례로 꼽힌다.

코로나 팬데믹으로 혼란스러운 변화의 소용돌이 속에서 우리가 주목해야 하는 사이언스 리터러시 또한 전문 분야의 활발한 공론장을 통해서 공공성 제고에 기여할 수 있다는 믿음이다. 왜냐하면 코로나19 팬데믹으로 인한 글로벌하면서도 전면적인 변화는 예측 불가능한 혼돈의 영역이 아니고 예측 가능한 동시에 '뉴노멀'에 주목하면서 각종 제도와 관습 사이에서 불거져 뒤쳐지거나 장애가 되는 '디커플링'과도 같은 사안을 신속하게 바로 잡는다면 위기를 기회로 전환시킬 수도 있다는 확신 때문이다.

실제로 코로나19 이후 가장 많이 언급되는 '언택트(Untact)'와도 같은 트렌드는 2018년 『트렌드 코리아 2018』에서 서울대 소비트렌드분석센터가 처음 명명했고 점진적으로 소비자의 관심과 행태가 높아지고 있다가 코로나19를 통해서 급격히 확산되었다. 지난 해 예측되었던 '스트리밍 라이프' 또한 최근 코로나19로 인해 엔터테인먼트 플랫폼의 부상과 넷플릭스와도 같은 미디어 플랫폼의 약진을 통해 급속한 확산을 보이고 있다. 서울대 소비트렌드분석센터가 『트렌드 코리아 21』을 펴내면서 서문에 쓴 "코로나 사태로 바뀌는 것은 트렌드의 방향이 아니라 속도다."라는 말은 '디커플링'의 한국사회에 경종을 울리는 명제라 생각된다.

포스트코로나를 향한 공론장은 정치와 정책 분야에서 귀 기울이는 동시에 적극적인 참여가 필요하다는 생각이다. 대표적인 사례로는 지난 10월 23일 유튜브로 생중계되면서 진행된 한국 사회학회의 '플랫폼 사회가 온다 : 코로나19가 재촉한 변화와 대응'이란 주제의 심포지엄이다. 또 민간 싱크탱크 여시재에서 지난 2월부터 '포스트 COVID-19 준비위원회'를 구성, 지속적인 토론과 발제를 통해 지난 11월 10일 『코로나 시대 한국의 미래』라는 단행본을 펴낸 공론장도 주목할 만하다. 두 공론장의 공통점은 코로나19 발생 초기부터 공론장을 마련했고 분석과 예측을 지속해오면서 활발한 의제 형성을 통해 사이언스 리터러시를 확장시키고 있다는 점이다.

코로나19 팬데믹 상황은 위기를 극복하고 공공성을 높여야 하는 과제를 제시했고, 그 열쇠는 확산일로에 있던 상황에서 의료진과 공직자를 중심으로 국민적 참여와 응원에서 찾아야 한다는 사실을 일깨워 주었다. 사진은 SNS를 통해 활발하게 확산되면서 국민적 공감을 형성했던 캠페인 이미지 캡처.

 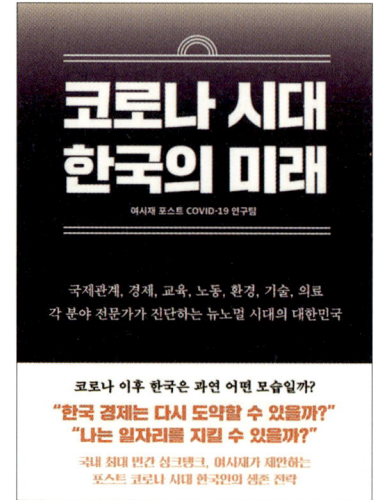

지난 10월 23일 유튜브로 생중계되면서 진행된 한국 사회학회의 '플랫폼 사회가 온다 : 코로나19가 재촉한 변화와 대응'이란 주제의 심포지엄(왼쪽)과 민간 싱크탱크 여시재에서 지난 2월부터 '포스트 COVID-19 준비위원회'를 구성, 지속적인 토론과 발제를 통해 지난 11월 10일 『코로나 시대 한국의 미래』라는 단행본(오른쪽)은 코로나19의 위기를 극복해야 한다는 의제를 공론화하고 있는 대표적인 사례이다.

오늘 우리 한국사회가 겪고 있는 코로나19를 위기에 그친 채 주저앉느냐? 아니면 기회로 전환시키느냐 하는 관건은 바로 공론장 활성화를 통한 한국사회 전반과 사회 구성원의 공공성 제고에 있다.

사실 'K-방역'의 혁신 모델이 단순히 질병관리본부를 중심으로 한 『2015 메르스 백서-메르스로부터 교훈을 얻다』와 『2018 메르스 중앙방역대책본부 백서』로만 가능했던 것은 아니었다. 메르스를 경험했던 공공부분, 대한의사협회와 대한의학회, 대한병원협회 등 보건 전문 분야는 물론 지자체와 시민사회단체를 비롯하여 대략 30여개가 넘는 백서가 봇물터지듯 발간되면서 공공성을 환기하는 공론장이 형성되었다. 이러한 공론화의 성과를 정리하면서 공공의료체계와 국가방역체계에 수렴했음을 확인할 수 있다.

2009년 신종인플루엔자 대유행 이후에는 중앙과 지방자치단체, 관련 단체를 모두 합해도 4종의 백서만 출간되었다. 메르스 유행에서는 『2015 메르스 백서-메르스로부터 교훈을 얻다』를 제외하고 총 31종의 백서가 출간되었다.

메르스 백서를 출간했거나 출간을 예정하고 있는 곳은 교육부(출간 예정), 대한적십자사, 광역 지방자치단체 8개소, 기초지방자치단체 12개소, 병원 5개소, 대한의사협회·대한의학회, 대한병원협회, 시민사회단체 2개소이다.

신종인플루엔자 유행 당시와 비교하면 메르스 유행 후 백서 출간 러시 현상이 나타났으며, 지방자치단체와 병원에서 25개의 백서가 출간된 것에 주목할 필요가 있다. 이는 지방자치단체와 의료기관 입장에서 메르스 유행을 통제하면서 경험한 사건을 기록하고 평가할 필요성이 컸음을 방증하는 것이다. 또한 대부분의 백서에서 대응 과정을 충실히 기록하려고 노력하였을 뿐 아니라 평가와 제언을 담고 있으며, 이들 내용 중 일부는 「2015 메르스 백서」에 반영되기도 하였다.

이 외에도 대한의사협회·대한의학회, 대한병원협회, 시민사회단체에서 출간한 백서에서도 메르스 유행 과정에 대한 평가와 제언을 담고 있다. 향후 보건복지부와 질병관리본부는 지방자치단체, 의료기관, 관련 단체에서 출간한 백서에 포함된 내용을 비교 검토하고 이를 바탕으로 메르스 대응 과정에 참여한 많은 관계 단체와 기관의 뜻을 모아야 할 것이다.

- 『2015 메르스 백서-메르스로부터 교훈을 얻다』, 408쪽

'K-방역' 혁신 모델로 공공성을 높여야 한다

또 한 가지 주목할 점은 'K-방역'의 혁신 모델이 2016년 가을부터 시작된 촛불, 그리고 2017년 조기 대통령 선거로 집권한 문재인 정부로 이행되는 시기를 겪으면서도 정책 일관성을 잃지 않고 연속성을 가지고 추진되었다는 점이다. 선진 각국의 정치 체제는 정권이 바뀌더라도 외교안보를 비롯한 사회의 개혁과도 같은 주요한 국가적이고 국민적인 정책 의제는 연속성을 잃지 않는다. 독일의 경우 쉬레더의 '하르츠 개혁'을 승계한 메르켈 정권의 사례가 대표적이며 미국의 경우에도 민간 씽크탱크의 활발한 연구가 대의적인 국가정책의 일관성을 유지하는 인프라를 형성하고 있다. 우리의 경우 대통령단임제의 폐해로 인해 정책 일관성 부재가 국가경쟁력을 저하시키는 치명적인 취약점임에도 불구하고 메르스의 반성과 국가방역체계 개편만큼은 흔들리지 않고 지속적으로 추진했다는 특징이 있었다. 그럼으로써 'K-방역'이라는 혁신 모델이 가능할 수 있었다는 판단이다.

이제 포스트코로나를 향한 위기 극복의 이정표는 한국사회학회의 '플랫폼 사회가 온다 : 코로나19가 재촉한 변화와 대응'이란 주제의 심포지엄이라든가 민간 싱크탱크 여시재의 '포스트 COVID-19 준비위원회' 토론과 발제를 통한 『코로나 시대 한국의 미래』와도 같은 공론장을 향해 정치권과 정책 추진 주체가 능동적으로 참여하는 동시에 공론화의 성과를 정책에 십분 반영하고 과잉규제를 간소화하고 규제공백을 신속하게 채우는 법제도 개선과도 같은 이른바 '적시정책(適時政策 Just in time policy) 플랫폼' 구축과 가동을 제안하고 싶다.

코로나19 팬데믹의 위기를 기회로 만들기 위해서는 지난 2020년 3월 코로나19 확산일로에 있던 상황에서 의료진과 공직자가 중심이 되어 주도했던 'K-방역'을 향한 국민적 참여와 응원에 그 열쇠가 있다는 생각이다. 과제는 공공성을 높이는 일이고 방법은 활발한 공론장의 활성화이며 이는 능동적이고 적극적으로 참여하고 실천하는 시민성으로부터 가능하다는 소신이다. 한국사회를 위기에서 구할 영웅은 더 이상 위대한 개인이 아니라 평범하지만 자기 분야에서 맡은 바 사명을 다하는 국민 개개인이라는 사실을 코로나19와 'K-방역'은 일깨워 주고 있다.

숙제는 여전히 낮은 공공성이다. 그 심각한 진원지는 정부와 국회를 비롯한 공공부문임을 분명히 자각해야 한다. 혼란을 키운 마스크 대란, 조급한 의료개혁으로 의사 파업까지 초래했던 분쟁, 끊이지 않는 시위와 집회와 갈등, 집회와 사회적 거리두기를 둘러싼 불공정한 공권력 등 코로나19 위기 극복을 저해하는 혼란의 진원지는 문재인 정부라는 사실을 차갑게 직시해야 한다. 문재인 정부는 촛불 정부를 자처했으나 촛불을 통해 요구했던 공정과 정의는 점점 더 멀어져가고 있다. 이를 바로 잡고 'K-방역'의 혁신 모델을 코로나 위기극복, 나아가 대한민국을 시스템을 혁신하는 계기로 삼기 위해서는 평범한 영웅들이 연대하고 참여하여 공공성을 높이는 길밖에 없다.

부록.
87레짐을 넘어 분권의 미래로

'89레짐'이 망국의 우려까지 낳게 하는 분야는 자치와 분권이다. 주지하다시피 지방자치는 1987년 민주화와 대통령직선제 개헌과 함께 과도기 형태로 1991년 기초지방의회 선거, 그리고 1995년 전면 동시지방선거 실시로 시작되었다. 위로부터의 지방자치였고 밑으로부터의 풀뿌리 자치는 공동체도 문화도 제도도 미비한 상태로 시행되었다. 당연히 인사도 재정도 정책결정이나 세원도 중앙에 의존해야 하는 절름발이 자치였다.

충남도에 근무하던 90년대 초반 태안화력과 대산공단 대기업 등을 유치하면서 '지역개발협력자금'이라는 아이디어로 '개발이익환수제도' 창안의 모델을 정립했고, 그 기금을 바탕으로 1992년 중앙정부에 건의, 1992년 대선 공약에 반영되면서 보령댐을 건설할 수 있었고, 충남 서부권 상수원 문제 해결이라는 지역개발의 모델을 정립하기도 했다. 1990년대 후반에는 대전 충남 충북 3개 시도가 한 자리에 모여 '대청호 선언'을 통해 전국 첫 광역권 상생협력의 모델을 선도하기도 했다.

또한 전국에서 처음으로 차상위계층 지원조례로 상징되는 보편적복지의 선도적 사례를 이끌었고, 양성평등을 향한 여성정책개발원을 설립하고 운영하는 등 구체적이고 실질적인 분권과 자치모델을 만드는데 힘썼던 기억이 새롭다.

아직까지 지방분권이 제대로 정착되지 못하고 있는 원인 중 하나는 정당과 이념으로부터 자율적이어야 할 지방의회와 지방자치단체장을 줄 세우고 기득권 유지에 이용하는 기초자치단체의 공천제와도 같은 악습이다. '87레짐'의 과도적 지방자치의 상징으로 대표되는 기초의원과 기초자치단체장에 대한 정당공천제 폐지는 2008년 국회에 처음 등원하면서 맨 처음으로 입법 발의했고, 지난 12년 동안의 의정생활에서 끊임없이 공론을 형성하면서 법안 발의를 병행해왔으나 아직 이루어지지 않고 있다.

기형화된 지방분권, '87레짐' 청산의 우선 과제

'89레짐'의 청산은 개헌뿐만 아니라 지방행정체제 개편과도 같이 2008년 여야가 합의하고도 수포로 돌아가면서 오늘날 저출산고령화, 지속적인 수도권과 대도시권 인구 집중 등의 추세가 가중되면서 '지방살생부'나 '지방도시 소멸론'의 우려까지 현실화되고 있는 실정이다.

해법은 역시 합의를 통한 상생과 협력, 그리고 통합에 있다. 지방 분권의 진정한 실현을 위해서 가장 시급한 사안은 자족경제권을 형성할 수 있는 최소한의 인구 500만~800만의 광역경제권이 형성되어야 하며 이에 속한 시군구의 특성화 노력과 경제와 산업 기능 분담과도 같은 상생경제권을 형성할 수 있어야 한다. 그렇지 않으면 수도권과 대도시권 인구 유입은 막을 수가 없다. 더구나 제4차 산업혁명과 함께 지식서비스산업이 경기권을 중심으로 수도권 집중으로 가속화된다면 지방의 위기는 더욱 빠르게 진행될 수밖에 없다. 2019년 기재부 중장기전략위원회 논의 결과에서 확인할 수 있듯이 향후 제4차 산업혁명으로 새로운 일자리는 200여만 개가 생길 것으로 추산되지만 사라지는 일자리는 720여만 여개로 추산되는데 사라지는 일자리는 전국 지방이고 새로 생기는 일자리는 경기 중남부권에 집중되고 있다는 분석이 나오고 있다. 여기에 농촌지역이나 도농복합권의 저출산 고령화까지 가중된다면 지방균형발전은 물론 지방자치와 분권의 미래도 실종될 수밖에 없다.

저출산고령화를 비롯한 제4차산업혁명 등으로 인구감소와 지역 산업과 경제의 쇠락으로 지방도시 소멸의 우려가 깊어지고 있다. 이러한 우려를 담은 마강래 지음, 『지방도시 살생부, '압축도시'만이 살길이다』(개마고원, 2017년).

이러한 점에 주목하여 20119년 기재부에서 주관하여 정리한 중장기전략위원회의 구자훈 교수의 지적은 주목할 필요가 있다. 먼저 지역균형발전의 측면에서 국토개발의 과정을 정권별로 정리해보면 문제는 보다 선명해진다.

1980년대 수도권 과밀화와 인구집중을 막기 위한 수도권정비계획은 수도권에 규제만 강화했을 뿐 지방투자나 유인전략은 미흡했다는 비판 아래 실효성을 얻지 못했다.

본격적인 지역균형발전은 노무현 정부의 국가균형발전전략

수립과 시행이었으며, 행복도시, 혁신도시, 기업도시 등을 중심으로 17개 거점을 만들겠다는 계획을 추진했다. 문제는 균형발전 개념보다는 균형배분에 초점이 맞추어졌고, 거점 개발전략이 부재했다는 비판을 받았다. 거점이 행정구역 중심으로 일률적으로 재단하다 보니 핵심거점 기능의 광역시와 연계되지 않은 부분이 많다는 점, 자족경제권을 형성할 수 있는 최소한의 인구 500만에 못 미치는 지속가능한 거점 형성이 이루어질 수 없었다. 또한 대부분의 신도시가 기존 도시와 분리되어 지가가 싼 외곽 신도시 개발에 치우치다 보니 원도심 쇠퇴 요인으로 작용하면서 인구 측면이나 산업 경제 측면에서 제로썸(Zero-sum) 게임에 그쳤다는 비판을 받을 수밖에 없었.

이명박 정부의 광역경제권 구상은 노무현 정부의 행정중심복합도시를 되돌리려 한다는 반대에 부딪혀 이른바 '5+2 광역경제권' 개념을 도입하게 된다. 5개 광역거점과 2개의 특별광역거점을 중심으로 선도사업을 지정하고 광역경제발전위원회를 만들어 총괄하도록 했지만 실질적으로 권한도 주어지지 않았고, 인력과 역량이 부족해 가시적인 성과로 이어지지 못했다. 거듭 지적된 문제는 행정구역이 광역시도와 기초시군구로 나누어져 있다 보니 예산과 공공시설이 중복되면서도 실질적으로 협력이 될 수 없는 상황에 부딪혀 구호 수준에 그치고 말았다.

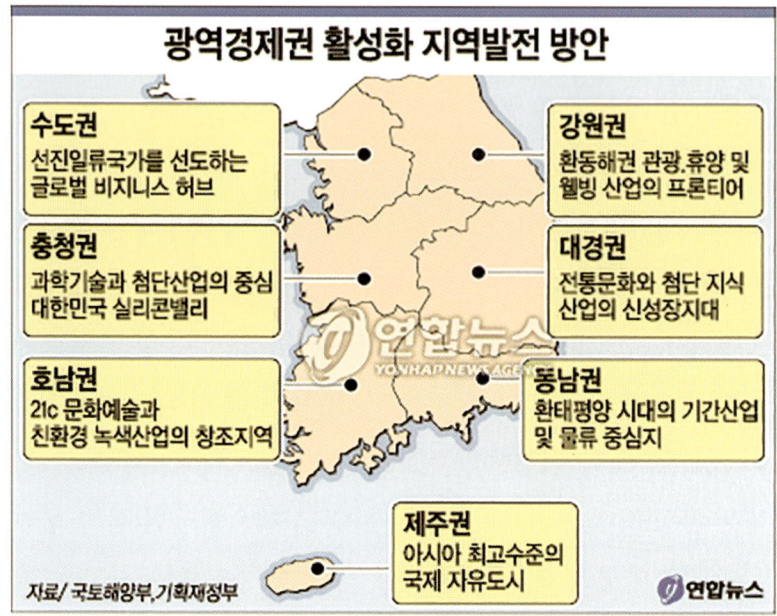

이명박 정부의 광역경제권 구상의 핵심이었던 '5+2 광역경제권'. 그러나 지방행정체제 개편은 2008년 여야 합의에도 불구하고 제대로 실행에 옮겨지지 않았다. 사진은 이명박 정부의 '광역경제권 활성화 지역발전 방안' 인포그래픽 연합뉴스 캡처.

박근혜 정부 들어서 추진된 지역행복생활권 정책은 63개 생활권별로 생활권 체계를 만들겠다는 청사진을 제시했다. 중층도시권, 도농연계권, 농어촌생활권 등을 지정하지만 구체성 있는 실행계획은 미흡했고, 역시 지역간 연계협력의 한계로 청사진에 그치고 말았다.

문재인 정부는 노무현 정부의 국가균형발전을 다시 꺼내면서 분권과 포용과 혁신을 키워드로 기재부 혁신성장본부, 8개 핵심선도사업을 진행하고 있고 생활SOC복합사업 등을 추진하고 있으나 산업과 경제 정책과 연계성이 부족하다는 점에서 성공 여부가 여전히 의문시되고 있는 실정이다.

국가균형발전이 본격적으로 제기되고 실행된 노무현 정부에서 현재 문재인 정부까지 기존 정책에 대한 종합적인 평가는 도시성장의 양극화 현상, 즉 세계적인 도시문제로도 지적되고 있는 승자독식 도시화를 제어하고 대안을 제시할 수 있는 수준에 이르지 못하고 있다는 점이 가장 큰 한계로 지적된다. 실제로 스트로우 이펙트, 즉 생활이 편리하고 부동산 투자가치가 높은 수도권이나 대도시권으로 빨려 들어가는 현상을 분산하는 적극적인 전략이 미비하다는 지적이다. 이러한 문제점은 저출산 고령화의 가속화로 인한 절대 인구의 감소를 감안한 지방 중소도시 문제에 대한 정책적 배려도 빠져 있다.

정권 바뀌어도 일관된 균형발전전략, 범부처 차원의 협력 절실

결론적으로 정권이 바뀔 때마다 정책 프레임이 바뀌고 따라서 중장기 비전이나 마스터플랜이 실효성 있게 추진될 수 없는 문제점이 가장 심각한 실정이라는 평가다.

유럽과도 같은 선진 도시와 지역의 경우 공동주택 건설의 계획 수립과 건설이 최소한 십여년, 광역권 도시개발의 경우 보통 이삼십년이 소요될 정도로 산업, 경제, 복지, 환경 등을 감안한 지속가능하고도 중장기적인 스케일 업(scale-up)이 필요하다는 것이 도시계획 전문가들의 제언이다. 공동체를 중심으로 전문가와 행정이 커뮤니티를 형성하여 아이디어를 숙의해 제출하고 이를 숙성시키면서 시범사업과도 같은 테스트베드를 거쳐 타당성, 유용성, 효과성을 검토하는 중장기적인 과정이 필요하다는 지적이다. 이를 바탕으로 규모나 범위를 확대할 경우엔 예상되는 위험요소를 제거하기 위한 방안을 도입하고, 정권이 바뀌어도 광역자치권과 기초자치권의 커뮤니티가 중심이 되어 일관성 있는 정책과 전략이 절실하다.

지난 20여 년간의 지역균형발전 정책을 비판적으로 종합하면 첫째 최소 인구 500만 이상의 자족경제권 형성이 가능한 광역상생경제권 개념의 도입과 실행이다. 최대 6개 광역경제권을 설정할 필요가 있고, 수도권과 부산 울산 경남권 등 2개 광역경제권은 메가시티 전략, 특히 국제도시화 전략과도 같은 특성화가 필요하고, 대전 세종 충청권, 대구 경북권, 광주 전라권 등 3개 광역경제권은 산업과 경제적 특성까지 고려한 광역사업권 중심 기능을 정립할 필요가 있다는 것이 전가들의 제언이다. 강원권, 제주권의 경우에는 작지만 강한 구심점을 연구하고 형성해서 이들 5개 광역권과 차별화된 성장전략을 마련할 필요성도 아울러 제언하고 있다. 이러한 그랜드 디자인을 바탕으로 공간 단위를 설정하고 넓혀나가는 방안이 필요하고, 광역경제권 내에서는 대도시-중소도시-농산어촌 연계 협력체계를 구축하는 구상이 필요하다.

이와 함께 수반되어야 할 대중교통체계는 수도권과 부산 울산 경남권은 급행철도 체계를 도입하고, 서울은 십여년 전 구상된 GTX의 확대 실행, 기타 광역권의 경우에는 현재 승용차 중심의 교통체계를 버스연계 체계로 전환하여 에너지와 환경 문제에 있어 지속가능성을 높이는 동시에 생활편의를 높이는 방안도 필요하다.

이러한 구상에는 복지와 보건의료의 차별화와 연계도 십분 고려해야 한다. 현재 획일적인 의료보험 체계도 거점도시, 중소도시, 농산어촌이 차별화하는 동시에 연계체계를 구축하여 인구와 산업의 특성에 따라 수혜의 형평성을 높여야 하고, 기초생활 인프라도 도시 위계별로 역할분담이 달라지는 동시에 일정한 규모의 편리성은 도모하되 대중교통체계를 통해 서로 이용에 불편이 없도록 하고, 그럼으로써 광역생활권 내에서 네

트워크 체계 활성화, 선택과 집중, 특성화를 통한 분산과 집중의 조화를 강구해야 한다.

도시 위계별로 다층적인 전략 아래 거점중심 특화방안 성장, 그리고 대도시, 중소도시, 농산어촌 등은 위계별로 차별화된 경제 활성화와 사회통합 전략이 필요하다고 판단된다. 앞서 6개 광역경제권별 특성에 따른 지역균형 전략에 근거하여 대도시는 글로벌 기능을 겸비한 메가시티 전략, 광역도시는 광역생활권의 중심의 산업과 경제기능 강화 전략과 동시에 지역사업을 특화하는 전략, 중소도시 이하 농어촌은 소생활권 중심의 기초생활 인프라 역할 배분을 적극적으로 배려하는 전략이 요구된다.

가장 중요한 것은 부처간의 협력이다. 중장기전략위원회에서 논의된 균형발전 전략을 제대로 실행하기 위해서는 국토교통부, 농림수산식품부, 산업자원통상부, 보건복지부 등을 비롯한 범정부 협력 차원의 논의구조와 역할 분담이 필수적이다. 예를 들자면 농산어촌 지원 사업들을 보면 도시재생사업과 유사하게 20가구 내외에 마을에도 마을회관을 짓는데 만일 십년이 지나면 10가구로 줄어들게 되는데 획일적으로 진행되는 경우가 대부분이다.

다소 추상적인 논의처럼 보이지만 도시계획과 균형발전의 선진적인 추진체계를 보면 구체적이고 실질적인 해법을 찾을 수 있다. 지역균형개발과 도시개발, 또는 도시재개발의 경우에 주민과 전문가 그룹, 그리고 공공부문의 행정 등이 하나의 커뮤니티를 이루어 공론장을 만들고 최소한 삼십년 이후의 지속가능한 도시와 공간의 구상이 가능하도록 문화와 복지, 주거와 생활편의, 보건의료와 교육 등이 복합된 사이언스 리터러시를 형성하고 공유하면서 계획의 수립과 추진이 이루어져야 한다는 점이다. 이러한 사례는 최근 특정한 공동체의 커뮤니티와 특성을 반영한 공유주택과도 같은 선도적인 사례에서 실마리를 찾을 수 있다.

실제 현재 아산시가 당면한 온천문화 도시로서의 특성을 유지해왔던 호텔 매각으로 인한 원도심권 공동주택 개발 사례가 대표적이다. 최근 획일화된 주상복합 건설이 추진되고 있는 상황에서 앞서 제시한 보다 지속가능하고 복합적이면서 중장기적인 구상과 계획이 절실하다는 판단이다. 이러한 관점으로 언론에 기고한 내용은 다음과 같다.

온천한류 세계화의 계기로 삼아야 할 온양 행궁복원

한국 온천문화의 전통이 사라질 위기다. 한국 온천의 역사를 상징해온 '온양행궁'이 온양관광호텔을 비롯, 제일관광호텔, 그랜드호텔 매각과 더불어 주상복합아파트 추진으로 위기를 맞고 있는 것이다. 특히 온양관광호텔은 '신정비', '영괴대' 등 세종, 세조 때의 온궁유적 등 전통 온천문화의 보고라는 점에서 더 심각성하다.

'온양행궁' 복원은 필자가 18대 국회 등원 이후 지역발전의 핵심적인 사업으로 지난 십여년 동안 꾸준한 노력과 더불어 행궁매입 등 복원 로드맵을 제시해왔다. 지난 2018년 5월에는 순천향대 아산학 연구소를 중심으로 '세종 온양행궁 포럼 추진위원회'가 발족되는 등 민간 차원의 움직임도 본격화되고 있다. 하지만 아산시를 비롯한 행정적인 관심 부족과 재정적 어려움으로 가시적인 해법을 찾지 못했었다.

대안은 중장기적인 지방도시의 몰락까지를 감안한 미래형 복합도시개발의 새로운 콘셉트와 컨센서스를 도입해야 한다. 오늘날 지방은 아산뿐만 아니라 저출산 고령화로 인한 '지방 소멸론'이 우려될 정도로 급격한 인구감소가 진행되고 있으며, 정부의 부동산 정책 실패로 주택이 투기화되고 있는 데다가 특히 수도권과 세종 등 대도시 집중의 문제가 심각해지고 있다. 지난 해 기획재정부 중장기전략위원회 논의 결과를 보면 제 4차산업으로 상징되는 지식서비스산업 입지가 서울, 경기권을 중심으로 한 수도권에 집중되면서 지방도시

온양 온궁 복원 움직임이 활발하게 추진되고 있음에도 불구하고 온양관광호텔 매각과 주상복합아파트 건립 등의 움직임으로 온양 온천문화가 사라질 위기를 맞고 있다. 사진은 동양일보 온양 행궁포럼 창립식 보도 기사 캡처.

의 소멸과 수도권의 비대화가 가속화될 심각성을 지적하고 있다. 특히 아산의 경우 지식서비스산업의 사각지대로 불과 20~30년 후 공동화와 슬럼화가 명약관화함에도 주상복합 공동주택을 건설한다는 것은 온양 구도심의 몰락과 슬럼화를 앞당길 것이 뻔하다.

따라서 더 늦기 전에 한국 온천문화의 보고인 '온양행궁'을 살리는 동시에 온양 구도심을 새로운 관광과 온천문화, 나아가 신 개념의 주거기능까지 함께하는 복합 관광문화 명소로 거듭나기 위한 행정과 시민사회, 업계의 상생과 협력이 절실한 시점이다. 우선 '온양행궁' 복원은 새로운 '온천한류'로 거듭날 수 있는 전통문화 콘텐츠를 간직하고 있다는 점에 주목해야 한다. '온양행궁'은 세종, 세조, 정조 등 조선조 온천역사의 전통을 간직하고 있고, 아산 일원은 맹사성, 장영실, 이지함, 이순신, 최익현 등 정신문화 유산의 발자취가 어려 있다. 해법은 '온양행궁' 복원을 계기로 무형의 자산인 역사와 정신적인 전통문화 콘텐츠를 '온천한류'의 글로벌 복합 문화도시로 창조하는 데 있다는 신념이다.

역사문화의 전통을 창조적으로 되살린 글로벌 관광사례는 많다. 대표적인 사례가 3천년 역사의 중국 산시성(陝西省) 시안(西安)이다. 당나라 진시황의 유적으로 잘 알려진 시안에는 양귀비가 목욕을 했다는 온천 화청지(華淸池)를 모티브로 당나라 시대의 화려했던 문화를 재현한 공연장 탕러궁(唐樂宮)에서 당 현종과 양귀비의 사랑을 다룬 대서사극을 공연하고, 시안성벽, 종루, 대안탑, 비림 등 수많은 당나라 유적들을 연계하여 세계적인 관광명소로 각광을 받고 있다. 이 밖에도 이미 온천관광으로 세계적인 명성을 얻고 있는 일본은 물론 인도네시아 자카르타 온천문화, 또 뉴질랜드 남섬 데카포 스프링스라든가 유럽의 오스트리아 잘츠부르크 온천, 헝가리 부다페스트 세체니 온천 등은 역사적 전통과 더불어 세계적인 웰빙 관광의 명소로 각광을 받고 있다.

다행인 것은 최근 충청남도 양승조 도지사와 협의 끝에 긴급 예산을 배정하여 2021년 예산에 온양행궁복원계획 용역사업이 반영되는 등 '온양행궁' 복원의 실마리가 풀려가고 있다는 사실이다. 이제 민과 관, 학계와 업계가 지혜를 모으고 아산시, 충남도 등 지방과 중앙정부가 머리를 맞대고 미래가치를 창조하는 '온천한류'의 청사진을 향해 상생하고 협력함으로써 한국 온천문화를 세계화하는 첫걸음을 내디뎌야 한다.

– 대전일보 2020년 11월 9일 자 '온양 행궁복원을
온천한류 세계화의 계기로'

'87레짐'의 발전적인 청산과 변화는 정신문화에서 가장 절실하다. 오늘날 한국사회를 병들게 하고 있는 문화가 바로 단절과 고립과 양극화다. 청년 일인가구나 비혼 여성 가구와도 같이 개인은 파편화되어 소외되고, 계층 간의 갈등은 상대적 빈곤과 박탈감으로 양극화가 심화되고 있다. 세대 간의 단절과 갈등이 일자리와 부의 편중으로 비화되고 있는가 하면, 지역과 지역, 수도권과 지방의 양극화도 심각하다. 이러한 갈등과 대립의 중심에는 이념을 가장한 편 가르기와 패거리 문화가 공정과 공공성을 차단하고 있다.

인권과 기본권 신장으로부터 시작해야 할 '87레짐' 청산

　1987년 민주화와 함께 형성된 386은 새로운 기득권과 특권층을 형성하면서 집단적인 권위주의를 형성하면서 다양성과 개성을 존중하면서 개인의 개성과 권리를 주장하려는 청년세대의 권익을 무시하고 있다. 실제로 2016년 겨울 새로운 체제를 갈망했던 촛불은 청년세대의 공정에 대한 요구로 시작되었다. 그러나 촛불 혁명 정권을 자처하는 문재인 정부 체제 아래 공정은 과연 진전되었거나 실현되고 있는가 묻는다면 분명하게 아니라는 판단이다. 이러한 편견이 단적으로 집약되어 나타나는 이슈가 성적 편견과 성폭력이다. 최근 우리는 박원순 서울시장의 죽음과 오거돈 부산시장의 사퇴를 지켜보아야 했다. 특히 박원순 시장의 죽음은 진보진영과 보수진영의 갈등으로 비화되면서 봉건적이고 구태의연한 논란으로까지 비화된 바 있다. 대표적인 논란이 박원순 시장의 죽음을 둘러싼 '이순신 장군 관노와 성관계 비하' 댓글 논란이었다.

　'이순신 장군과 관노' 논란은 한 네티즌의 견해나 사과를 넘어 기본권과 인권의 시각에서 시대착오적인 우리 사회의 단면을 그대로 드러내고 있다는 점에서 심각성을 더한다. 필자는 정치인이기 이전에 아산 출신으로 어릴 적부터 이순신 장군을 존경하며 각종 학회와 연구에서 행적과 유지를 받들고 기리는데 노력해왔다. 우선 고 박원

고 박원순 전 서울시장의 죽음과 관련하여 인격과 기본권을 무시한 허위사실 댓글로 이순신 장군을 모독한 사안에 대해 2020년 7월 14일 보도자료를 내고 국회 소통관에서 이순신 장군 관노 발언을 바로 잡는 기자회견을 열었다. 사진은 일요서울 보도 영상 캡처.

순 시장의 성추행 의혹을 옹호하는 글로 논란을 촉발한 진보 성향 온라인 커뮤니티의 '이순신 장군도 관노와 수차례 잠자리에 들었다'는 취지의 글에 대해 역사 기록상의 사실관계부터 바로 잡고자 한다.

관련 문구는 난중일기 탈초본(초서를 정서로 바꾼 책) 중, 1596년 9월 12일 여진, 9월 14일 여진입, 9월 15일 여진삽 등이다. 이 구절은 1935년에 일본 학자가 난중일기를 "이순신 장군과 여진이라는 관기가 관계를 했다"로 해석했다. 하지만 이후 노승석 교수를 비롯한 여러 학자들은 당시 조선의 호남지방에 이주해 살던 여진족과의 생활을 의미하는 '함께하다(共)'또는 단순히 '여진·여진입·여진삽'이라 해석하며 정설로 바로 잡았다.

1597년 4월 21일 "저녁에 여산의 관노의 집에서 잤다(夕宿于礪山官奴家)"는 문구도 있지만, 이순신 장군이 감옥에서 나온 후 모친상을 당하고 상중출사(喪中出仕)하여 백의종군으로 합천으로 가는 중 해가 저물어 여산(익산시 여산면 소재) 관아의 남자종집(官奴家)에서 하룻밤 유숙한 것으로, 당시 관노(官奴)는 남자종, 여자종은 비(婢)라 표기했다.

따라서 이순신 장군이 관노와 성관계를 했다는 표현은 전문가들의 견해에 근거할 때 엄연한 허위사실이다. 난중일기에는 '관노와 잠자리'라는 표현이 없으며, 또한 성관계를 표현하는 한문 표현은 '가까이 하다, 동침하다'는 '근(近)', '포(抱)', 또는 '동침(同枕)', '동호(同好)' 등이 쓰였다.

난중일기에 표현된 '잘 숙(宿)'도 성관계를 의미하는 '동침'이 아니라 단순한 '숙박'을 의미한다. 무엇보다 이순신 장군과 동시대의 인물이자 가장 가까웠던 백사 이항복은 '고통제사이공유사(故統制使李公遺事)'에서 "이순신은 일찍이 여색을 가까이하지 않았다"고 기록하고 있다.

사실관계보다 더 중요한 심각성은 '이순신 장군과 관노' 표현의 발상이 시대착오적인 봉건적이고 가부장적인 잔재를 단적으로 드러내고 있다는 점이다. 고 박원순 시장의 서울시장(葬)이라는 장례절차부터가 문제다. 규정을 떠나 국민적인 상식으로 서울시장(葬)은 순직이나 공무와 관련된 죽음, 또는 서울시민 모두가 공감할 만한 죽음에 한해야 할 것이다.

과연 고 박원순 시장의 죽음이 그러했는가? 서울시장으로서의 공과 또한 아직 평가가 남아있다. 만약 그럼에도 서울시장(葬)의 절차를 선택하려 했다면 최소한 서울시민의 여론을 묻거나 그에 준하는 합의 절차를 거쳤어야 마땅하다. 시간이 촉박했다면 서울시의회를 비롯한 대의기구나 자문기구도 있다. 단적으로 서울시의 소방관을 비롯한 순직 공무원, 직무상 외상후 스트레스장애로 인해 자살한 공무원 등에 대해 서울시는 과연 적절한 조치와 보상을 하고 있는가 묻고 싶다.

이러한 예우는 소속정당인 더불어민주당과 문재인 정권의 국정철학을 상징하는 "기회의 균등, 과정의 공정, 결과의 정의"와 전면 배치된다는 점 또한 분명히 하고 싶다. 고 박원순 시장의 서울시장(葬)을 비롯한 예우가 국민적 상식과 서울시민의 여론에 바탕 하지 않았다면 이는 민주주의와 민주적 절차에 대한 심각한 위해가 아닐 수 없기 때문이다.

필자는 정치인이기 이전에 기본권을 가진 주권자이자 의무를 다하는 국민으로서 고 박원순 서울시장을 바라보고자 한다. 한 인간으로서의 죽음에는 깊은 조의를 표한다. 반면 고 박원순 서울시장이 국민의 한 사람으로서 타인의 기본권과 인권을 존중했는가 하는 문제는 분명히 밝혀야 할 과제다. 나아가 정쟁을 떠나 안희정 전 충남도지사, 오거돈 전 부산시장의 문제 또한 국민의 한 사람으로서 기본권과 인권의 관점에서 엄중히 바라보아야 한다는 소신이다.

- 대전일보 7월 20일 자, '이순신 장군과 관노' 논란, 인권의 관점으로 보자

'87'레짐 청산의 표면적인 핵심의제는 대통령단임제의 독단과 정책일관성을 해치는 부작용이지만 그 이면에는 국민의 기본권에 대한 요구와 보장이 더 중요한 의제로 자리 잡고 있다는 소신이다. 국민의 한 사람 한사람이 개인의 기본권과 인권의 관점으로 서로를 마주보고 서로 가슴을 열어 대화하며 손잡고 함께 전진하는 대한민국, 이것이 바로 2020년을 사는 우리가 서로를 존중하면서 우리라는 울타리 안에서 함께 살아가야 할 바람직한 모습이라는 생각이다.

다시 한 번 연극 무대의 앞과 뒤를 생각한다. 우리는 연극 무대 전면에서 화려한 연기로 감동을 주었던 인물과 연기를 마치고 무대 뒤로 돌아가 아주 극히 사소하고 프라이버시에 해당하는 본능과 고민을 감당해야 하는 개인으로 돌아와 있는 나의 모습, 그리고 마주한 누군가 타인의 모습. 가장 이상적이고 아름다운 사회는 무대 앞과 무대 뒤가 같은 모습일 것이다. 하지만 그런 사람은 존재할 수 없다. 그래서 누군가의 차이를 인정하고 누군가의 약점과 치부를 감싸주고 아픔과 상처를 배려하며 보듬어주는 개인과 개인의 모습이 더 아름다운 우리가 아닌가 생각하게 된다.

우리 사회는 대체로 인물을 연기하는 사람과 그 사람의 자아를 어느 정도 동일시하고, 인물로서의 자아를 보통 그 사람의 몸, 특히 상체의 생리심리학적 인성에 뿌리박고 있는 요소로 본다. 나는 이런 관점이 우리 모두가 연출하려고 애쓰는 부분을 함축하고는 있지만 잘못된 분석을 하게 만든다고 본다. 공연된 자아란, 개인이 그럴 듯하게 연출하여 남들이 그를 그가 연기한 인물로 보게 만드는 일종의 이미지다.

이 이미지가 사람들의 관심을 촉발하고 연출된 자아를 개인의 자아로 여기게 만들지만, 자아는 그 개인에게서 비롯되기보다 개인의 활동 무대 전반에서 벌어지는 사건들과 목격자들의 해석에서 비롯된다. 제대로 꾸민 무대에서 공연을 잘하면 관객은 그 인물을 공연자의 자아라고 생각하게 되지만, 이때의 자아는 공연의 결과물이지 원인이 아니다. 그러니까 공연된 자아란 태어나고 성장하고 죽어갈 운명을 지닌 유기체에 속하는 것이 아니라 연출된 무대에서 실현되는 극적 효과에 속한다. 문제의 핵심이자 결정적 중요성은 연출된 자아 이미지가 신뢰를 받는지 불신을 당하는지에 있다.

– 어빙 거프만 저, 진수미 역, 『자아 연출의 사회학(Presentation of Self in Everyday Life)』(현암사, 2016), 312쪽

어빙 거프만의 지적에 비추어 박원순 전 서울시장, 안희정 전 충남도지사, 오거돈 전 부산시장은 모두 많은 청중들이 언론이라는 무

대를 통해서 연출되고 꾸며진 모습과 말과 행동으로 접하게 된다. 그 무대 뒤편의 모습도 당연히 그러하리라 착각하게 된다. 만일 무대 앞과 무대 뒤의 모습이 한결같은 한 모습이라면 그보다 더 훌륭한 인격체로서의 개인은 없다. 만약 무대 뒤의 모습이 그저 본연의 욕망에 충실하고 타인에게 피해나 위해를 주지 않는 모습이라면 그나마도 다행이다. 그러나 박원순 전 서울시장, 안희정 전 충남도지사, 오거돈 전 부산시장은 달랐다. 직무상 관계의 한 개인에게 상처를 주거나 부적절한 행동으로 개인의 인격과 기본권을 침해했다는 의혹을 샀거나 그로 인해 처벌을 받았다.

무엇보다 무서운 것은 이러한 위선과 침해가 부당한 공권력을 빌어 행사된다면 그 사회는 희망이 없다. 그러나 우리 현실은 이러한 공인들의 부당과 치부를 가리거나 도를 넘어 비난함으로써 정략에 이용하려 하거나 자신이 속한 이념이나 집단의 이익을 챙기려 한다. 분명히 바로 잡아야 한다. 그 길은 '87레짐'의 상징이자 체제를 규정하는 헌법에 있어 개인의 기본권을 높이고 신장하는 방향으로 이루어져야 한다.

더 미뤄선 안될 대일항쟁기 전후배상

광복 75주년을 맞으면서 국가의 힘이 없어 국민들이 당해야 했던 피해는 반드시 국가가 책임질 수 있어야 한다는 소신을 새삼 새긴다. 대일항쟁기 전후배상의 문제는 외교적 노력과 국가적 배려가 동시에 필요한 사안이라는 믿음이다.

8년 전 삼일절 즈음 찾아뵀던 고향 아산 신창의 박광현 어르신의 생전 모습이 선연해온다. 1945년 초 열아홉의 나이에 일본에 강제징용되어 아오모리현의 오미나토항에서 노역을 하다가 귀국선이던 아키시마 호에 승선했다가 구사일생으로 살아 돌아왔던 회고담은 후손들의 가슴에 아프게 전해왔다. 우키시마 호는 7천여명의 강제징용 한국인을 태우고 귀국 도중 갑자기 항로를 바꾸어 일본 중부 동해 연안 마이즈루항을 향했고 의문의 폭발로 최소한 5천여명의 강제징용 한국인이 숨졌던 사고였으나 아직 제대로 진상조사조차 이루어지지 못하고 있는 실정이다. 타이타닉 호가 1천여명이 사망했었다는 점을 감안하면 아키시마 호 폭발사고 의혹은 얼마나 큰 사건이었는지 알 수 있다. 고 박광현 어르신은 구사일생으로 우키시마 호에서 살아 생환할 수 있었고 얼마 안돼 다시 한국전쟁에 참전한 후 노후엔 변변한 재산이나 보장 없이 한국전쟁 참전 유공자에게 주어지는 월 29만원의 정부지원금으로 살아야 했다.

고 박광현 어르신과도 같은 분들이 어디 한두 분인가? 필자는 공직에 있을 때나 의정활동에서나 위안부 문제를 비롯한 대일항쟁기 강제동원 피해조사 및 보상에 최우선으로 관심을 가져왔다.

우키시마 호 의혹 뿐만이 아니다. 대표적인 사례가 일제강점기 당시 한국인 학살 의혹이 끊임없이 제기되고 있는 관동지진 한국인 피해이다. 관동지진 피해자 문제를 비롯해 수없이 많은 사안이 변변한 실태 조사조차 미비한 채 역사 속으로 사라져 가고 있는 안타까운 실정이다. 일본의 공권에 의한 한국인 학살 정황까지 공공연하게 확인되는 사안이라는 점에서 진상조사와 보상의 필요성은 더욱 중요하다는 판단이다.

하지만 현재 정부는 1923년에 일제가 자행한 관동지진 한인 피살 등 일제에 의한 피해자들에 대한 정확한 사실조차 파악하지 못하고 있다. 2013년 11월 주일한국대사관에서 관련 명부가 발견됐으나 진상규명 관련 전담 부처가 부재한 상황이었다. 필자는 2016년 제20대 국회에서 '대일항쟁기 강제동원 피해조사 및 국외강제동원 희생자 등 지원에 관한 특별법'을 대표 발의하는 등 노력을 기울인 바 있으나 법안은 통과되지 못했고 이후 모두 9건의 유사한 법안들도 실효성을 얻지 못한 채 오늘에 이르고 있다.

따라서 관동지진과롯 우키시마 호 침몰사건을 비롯한 일제에 의해 자행된 인도주의에 반하는 피해의 진상규명을 국무총리 소속 대일항쟁기강제동원피해조사 및 국외강제동원희생자등지원위원회에서 실시하도록 해야 한다. 나아가 위원회의 상설화, 피해신고와 지원금 신청 기회를 제한한 현행 대일 항쟁기 강제동원 피해조사 및 국외 강제동원 희생자 등 지원에 관한 특별법 제정도 반드시 필

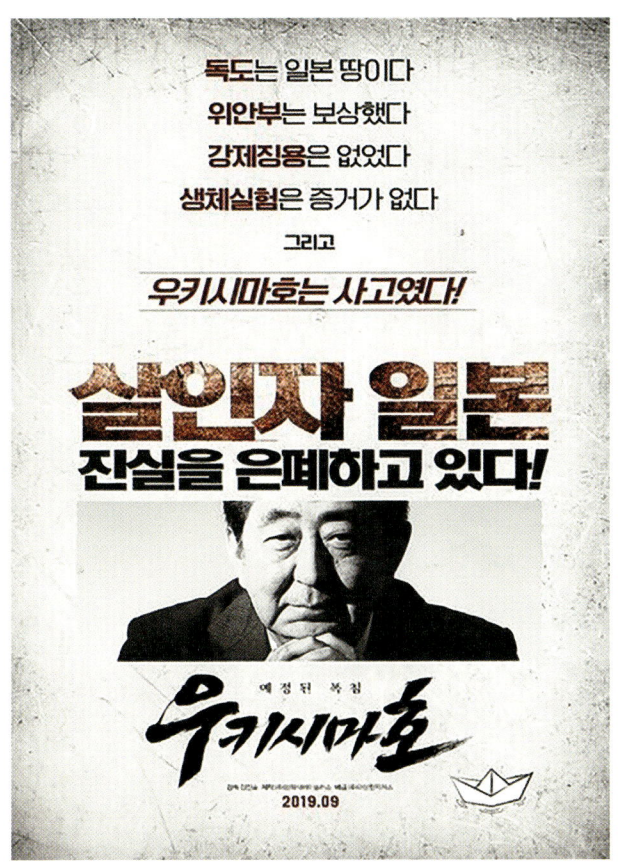

2019년 9월 개봉된 우키시마 호의 비극과 일본의 조작을 파헤친 영화 '우키시마호' 포스터. 우리 아산 지역에도 우키시마 호에서 생존해 어렵게 살다 세상을 떠나신 박광현 어르신이 늘 RKMA 아프게 가슴에 남아 있다.

요하다.

　무엇보다도 국가적으로 국가의 힘이 없어 국민들이 당해야 했던 피해는 반드시 국가가 책임질 수 있어야 한다는 인식의 전환이 필요하며 이에 대한 국민적 관심도 높아져야 한다. 나아가 한일관계 또한 과거사에 대한 명확한 사과와 인도적이고도 실질적인 보상이 선행되어야 한다. 진정한 화해와 협력은 역사에 대한 진실 된 성찰과 반성에서 비롯되기 때문이다.

　광복 75주년을 앞두고 한국과 일본 기독교계에서 '8·15 광복·패전 75주년 한·일 공동선언'을 발표했다. 한국기독교교회협의회와 일본그리스도교협의회가 중심이 된 '한·일 화해와 평화 플랫폼' 간담회에서는 한국의 광복절이자 일본의 패전일인 8월 15일에 앞서 위안부와 강제징용, 관동대지진 학살 등 일본의 책임을 담은 성명서를 발표했고 8월 15일 당일에는 일본 현지에서도 광복절 선언문을 발표한다 하니 반가운 소식이 아닐 수 없다.

　민간 외교 분야에서 이러한 움직임은 공공분야와 공식적인 한일관계에서 가시적인 성과로 이어져야 한다.